Bernd Ganser (Hrsg.)/Ines Simon

Forscher unterwegs

Materialien und Kopiervorlagen
für naturwissenschaftliche Experimente
in der Grundschule

Mit praktischen Forscherkarten zu allen Versuchen

D1720569

Die in diesem Buch beschriebenen Experimente wurden so ausgewählt, dass Kinder über 5 Jahre sie in der Regel selbstständig ausführen können. Für Kinder unter 3 Jahre sind die Experimente wegen der Gefahr, dass Kleinteile verschluckt werden, nicht geeignet. Bei einigen Versuchen muss unbedingt ein Erwachsener anwesend sein. Diese Versuche haben eine entsprechende Kennzeichnung:

Lassen Sie Streichhölzer nicht unbeaufsichtigt liegen und beachten Sie die Brandvorschriften.
Autorin, Herausgeber und Verlag weisen darauf hin, dass sie für direkte oder indirekte Schäden, die durch exakten oder fehlerhaften Nachbau oder sonstige Abwandlung von den in diesem Buch vorgestellten Experimenten keine Haftung übernehmen.

Gedruckt auf umweltbewusst gefertigtem, chlorfrei gebleichtem
und alterungsbeständigem Papier.

1. Auflage 2009
Nach den seit 2006 amtlich gültigen Regelungen der deutschen Rechtschreibung

Illustrationen: Ines Simon

ISBN 978-3-87101-**307**-2
www.brigg-paedagogik.de

Inhalt

Für wen ist dieses Buch gedacht?.. 5

Wie arbeite ich mit diesem Buch? 6

Wie sollten naturwissenschaftliche Erfahrungen für Kinder gestaltet sein? 7

Luft und Gase

	Thema	*Phänomen/Phänomenkreis*	
1	Brauche ich Luft?..........................	Luft entdecken......................	8
2	Ist Luft in meiner Lunge? Blubberblasen...........	Luft entdecken......................	8
3	Tief Luft geholt!..........................	Luft entdecken......................	10
4	Ist die Flasche wirklich leer?..........	Luft braucht Platz..................	10
5	Ist der Trichter kaputt?..................	Luft braucht Platz..................	12
6	Wie funktioniert eine Taucherglocke?............	Luft braucht Platz..................	12
7	Gummibärchenaufzug....................	Luft braucht Platz..................	14
8	Luft unter Wasser umfüllen.............	Luft braucht Platz..................	14
9	Luftpumpe..............................	Kann man Luft zusammendrücken?	16
10	Warum springt der Ball?................	Kann man Luft zusammendrücken?	16
11	Warum fährt mein Fahrrad nicht?	Kann man Luft zusammendrücken?	18
12	Hebebühne..............................	Kann man Luft zusammendrücken?	18
13	Kann Luft bremsen? Schilderrennen	Luftwiderstand.......................	20
14	Spiele mit dem Schwungtuch............	Luftwiderstand.......................	20
15	Fallversuche............................	Luftwiderstand.......................	22
16	Lustiger Sauser.........................	Luftwiderstand.......................	22
17	Wie funktioniert ein Segel?.............	Luft hat Kraft.......................	24
18	Warum klappt das Papier hoch?	Luftströmungen und Luftdruck........	24
19	Wie fliegt ein Flugzeug?................	Luftströmungen und Luftdruck........	26
20	Kann man Luft lenken?..................	Luftströmungen und Luftdruck........	26
21	Braucht ein Feuer Luft?................	Aus was Luft besteht................	28
22	Wer pustet den Ballon auf?.............	Aus was Luft besteht................	28

Licht, Schatten und Farben

23	Was sehe ich, wenn es dunkel ist?	Licht macht Dinge sichtbar............	30
24	Woher kommt das Licht?..................	Verschiedene Lichtquellen............	30
25	Meine Sonnenuhr.......................	Schatten werfen.....................	32
26	Schatten selbst gemacht: Geistertanz............	Schatten werfen.....................	32
27	Wie entsteht ein Foto?..................	Licht erzeugt Bilder................	34
28	Ein Apfel mit Herz.....................	Licht erzeugt Bilder................	34
29	Scheint das Licht hindurch?	Lichtdurchlässigkeit................	36
30	Warum sehen Beine unter Wasser kürzer aus?.	Lichtbrechung.......................	36
31	Der gebrochene Löffel...................	Lichtbrechung.......................	38
32	Spiegelbilder...........................	Wie ein Spiegel funktioniert.........	38
33	Kann man Licht umlenken?..............	Wie ein Spiegel funktioniert.........	40
34	Nützliche Spiegel.......................	Wie ein Spiegel funktioniert.........	40
35	Kann man um die Ecke schauen?	Wie ein Spiegel funktioniert.........	42
36	Wie werde ich im Dunkeln gut gesehen?	Farben.............................	42
37	Die Welt ist bunt......................	Farben.............................	44
38	Woher kommen die Farben?..............	Licht und Farben....................	44
39	Wie entsteht ein Regenbogen?...........	Licht und Farben....................	46
40	Warum sind Blätter grün und Tomaten rot?......	Licht und Farben....................	46
41	Warum ist der Himmel blau?	Licht und Farben....................	48
42	Nur drei Farben?.......................	Licht und Farben....................	48
43	Versteckte Farben finden................	Licht und Farben....................	50
44	Farben verschwinden vor unseren Augen.........	Licht und Farben....................	50

Schall, Töne und Musik

Thema	*Phänomen/Phänomenkreis*	
45 Im Klangraum	Töne um uns herum	52
46 Tanzender Lichtpunkt	Schallwellen sichtbar machen	52
47 Tanz der Reiskörner	Schallwellen sichtbar machen	54
48 Röhrentelefon	Wie breiten sich Schallwellen aus?	54
49 Kann man Schall lenken?	Wie breiten sich Schallwellen aus?	56
50 Hörstock	Gibt es Schallwellen in festen Stoffen?	56
51 Ballonverstärker	Wie breiten sich Schallwellen in der Luft aus?	58
52 Dosentelefon	Gibt es Schallwellen in festen Stoffen?	58
53 Töne unterbrechen	Schall und Vibration	60
54 Unterwasserschall	Gibt es Schallwellen im Wasser?	60
55 Linealmusik	Verschiedene Wege der Tonerzeugung	62
56 Schlauchtrompete	Verschiedene Wege der Tonerzeugung	62
57 Wassermusik	Verschiedene Wege der Tonerzeugung	64

Heiß und kalt

58 Wärme fühlen	Wirkungen von Wärme und Kälte	66
59 Auf der Wärmespur	Wirkungen von Wärme und Kälte	66
60 Wärmequellen	Wirkungen von Wärme und Kälte	68
61 Wie schütze ich mich vor Kälte?	Wirkungen von Wärme und Kälte	68
62 Handgemachte Wärme	Wirkungen von Wärme und Kälte	70
63 Perlenrennen	Wärmeleitung	70
64 Selbst gemachte Thermoskanne	Wärmeleitung	72
65 Luftballonflasche	Erwärmte Luft dehnt sich aus	72
66 Klappermünze	Erwärmte Luft dehnt sich aus	74
67 Staubwirbel	Erwärmte Luft steigt nach oben	74
68 Heizungsschlange	Erwärmte Luft steigt nach oben	76
69 Teebeutelrakete	Erwärmte Luft steigt nach oben	76
70 Gipswärmer	Wärme und Chemie	78
71 Hautthermometer	Temperaturmessung	78
72 Wie funktioniert ein Thermometer?	Temperaturmessung	80

Technik

73 Luftballonsauser	Rückstoß	82
74 Raketenauto	Rückstoß	82
75 Luftgleiter	Rückstoß	84
76 Brauserakete	Rückstoß	84
77 Dampfschiff	Rückstoß	86
78 Solaranlage	Erwärmung durch Strahlung	86
79 Schneeschmelze	Erwärmung durch Strahlung	88
80 Windrad	Bewegte Luft hat Kraft	88
Zusatzmaterial		90

Für wen ist dieses Buch gedacht?

Dieses Buch ist ein Begleiter zur gezielten **Förderung der naturwissenschaftlichen Kompetenzen von Vorschul- und Grundschulkindern** und richtet sich an

- Pädagoginnen und Pädagogen in Kindertagesstätte und Schule, die Neugier, logisches Denken, genaues Beobachten, kooperatives Lernen und Sprache gezielt fördern wollen,
- an Lehrkräfte, die in jahrgangsgemischten Klassen unterrichten,
- an Kooperationsbeauftragte beider Institutionen als Planungsgrundlage,
- an Eltern von Kindern im Alter zwischen fünf und zehn Jahren,
- an Eltern, die ihre Vorschulkinder oder zurückgestellte Kinder auf den Schulbeginn vorbereiten wollen,
- an alle Erwachsenen, die Vorschul- und Grundschulkinder unterstützen wollen.

Sie finden in diesem Buch Angebote zur Schulung naturwissenschaftlichen Denkens und Handelns. Folgende **Themenbereiche, die für den Schulerfolg wichtig** sind, werden behandelt:

- Luft und Gase
- Licht, Schatten und Farben
- Schall, Töne und Musik
- Heiß und kalt
- Technik

Die übersichtliche und **in der Praxis erprobte Struktur** ermöglicht eine **problemlose Vorbereitung und Durchführung** der Versuche.

Die **Anweisungskarten** auf der **linken Buchseite** dienen zur Vorbereitung und Information und sind **für die Lehrkraft** bestimmt. Die Karten enthalten folgende Angaben:

- Lernziele,
- konkreter Materialbedarf,
- Hinweise zum Einsatz des Materials und praktische Tipps für die Umsetzung der Experimente,
- verständlich formuliertes physikalisches Hintergrundwissen,
- mögliche Variationen der Verwendung.

Die dazu passenden **Forscherkarten** auf der **rechten Buchseite** dienen als **Kopiervorlage** und sind für die **Hand der Kinder** gedacht. Sie eignen sich für die Arbeit an Stationen, als Material für die Lerntheke und für die Wochenplanarbeit. Darüber hinaus ermöglichen sie die **individuelle Förderung** auf **verschiedenen Leistungsniveaus**.

Ein besonderes Augenmerk wurde auf das altersgerechte Niveau der Inhalte, auf ein hohes Maß an Selbsttätigkeit und insbesondere auf das „**Lernen mit allen Sinnen**" gelegt. Über gezielt ausgewählte **motivierende Materialien** und **ungefährliche Experimente** wird so bei den Kindern der emotionale Zugang zur Naturwissenschaft angebahnt.

Wird ein Phänomen, zum Beispiel „Luft braucht Platz", durch verschiedene Experimente erforscht, so bezeichnet man dies als Phänomenkreis. Die **Arbeit in Phänomenkreisen** sichert einen dauerhaften Lernerfolg, der nicht in isoliertem Faktenwissen, sondern in grundlegenden Zugängen zu naturwissenschaftlichem Denken begründet liegt.

Im Anhang finden Sie einen Lernpfeil mit Arbeitskarten sowie Beobachtungsbögen und Materialien für ein Forscherbuch. Diese dienen zur Herstellung von **Wissensschaubildern**, **Forscherbüchern** und **Portfolios**.

Durch den Einsatz eines **Lernpfeils** (siehe Seite 91) wird sichergestellt, dass die Kinder

- eigene Lernwege bewusst planen,
- zielgerichtet vorgehen und eigenverantwortlich experimentieren, Arbeitsergebnisse sichern und präsentieren, den Lernzuwachs reflektieren und auch ihre Emotionen einbringen,
- arbeitsteilig in der Gruppe oder selbstständig arbeiten.

Die entsprechenden Tafeln ermöglichen es, die Lernergebnisse der Kinder strukturiert im Klassenzimmer zu präsentieren. Alle Elemente des Lernpfeils liegen als Kopiervorlage im DIN-A5-Format vor (siehe Seite 92 ff.), sodass der Lernzuwachs der Kinder gut gegliedert an einer Schauwand sichtbar gemacht werden kann.

Durch den hohen Anteil an kommunikativen und handelnden Elementen eignen sich die vorgestellten Bausteine in Schule und Kindergarten hervorragend zur **gezielten Beobachtung** der Kinder. Auch hierzu liegt ein entsprechender Bogen vor (siehe Seite 100).

Zudem werden die Kinder durch einen **Selbsterfahrungsbogen** zur Eigenbeobachtung angeleitet (siehe Seite 101).

Wie arbeite ich mit diesem Buch?

- Die **Symbole auf den Karten** haben folgende Bedeutung:

Nur mit einem Erwachsenen

Schwierigkeitsgrad

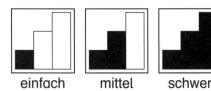

einfach mittel schwer

Dauer eines Experimentes

10 min

Glossar

Ein aufwärts gerichteter Pfeil ↗ weist auf einen Eintrag im Glossar hin (siehe Seite 102).

Phänomenkreis

Ist die kleine Überschrift auf der Karte *kursiv* gedruckt, gehört die Karte zu einem Phänomenkreis. Innerhalb dieses Phänomenkreises können Versuche in mehreren Schwierigkeitsstufen bearbeitet werden, eine Differenzierung ist also ebenfalls möglich.

- Die **Kopiervorlagen für die Forscherkarten** finden Sie **immer rechts**.
- Die Forscherkarten können für jeden Themenbereich auf verschieden farbigen Karton kopiert, anschließend ausgeschnitten und laminiert werden. Die so entstandene **Kartei** ist universell einsetzbar: Sie kann den Kindern als Ganzes angeboten, aber auch zur **individuellen Förderung** eingesetzt werden.
- Schließlich können die Forscherkarten auch als **Arbeitsblatt** kopiert werden. Die freie Halbseite dient dann dem schriftlichen Fixieren der Arbeitsergebnisse, die in einem Forscherbuch zusammengefasst werden können.
- Das Deckblatt des **Forscherbuchs** hat einen einfachen Zuschnitt (siehe Seite 96). Es kann durch das Einfügen entsprechender Bilder ergänzt werden (siehe Seite 99).
- Durch das Einheften zusätzlicher Fotos, Texte, Bilder oder Tabellen und der Einschätzskala wird das Forscherbuch zum **Portfolio** erweitert.
- Der im Anhang enthaltene **Lernpfeil** (siehe Seite 91) erleichtert durch seine Struktur das naturwissenschaftliche Arbeiten. Hierzu gehört, dass zunächst Vermutungen aufgestellt und diskutiert werden, die im Anschluss durch Versuche zu überprüfen sind. Allein dieses Vorgehen ermöglicht einen nachhaltigen Lernzuwachs.

Wie sollten naturwissenschaftliche Erfahrungen für Kinder gestaltet sein?

- Die Versuche sollten einen Alltagsbezug zum Leben der Kinder haben.
- Es sollte möglichst in sog. Phänomenkreisen ↗ gearbeitet werden.
- Die Experimente ↗ sollten immer gelingen.
- Die Forscheraufträge sollten von den Kindern selbstständig durchgeführt werden können.
- Die verwendeten Materialien müssen ungefährlich sein.
- Eine Forschereinheit sollte maximal eine Stunde dauern.
- Die Kinder müssen in ihren eigenen Erklärungen ernst genommen werden.
- Es handelt sich nicht um „Zauberei", deshalb sollte der naturwissenschaftliche Hintergrund den Kindern verständlich vermittelbar sein bzw. vermittelt werden.

- Zur Naturwissenschaft gehört auch immer eine klare Sprache.
- Erzieherin und Lehrkraft sind nicht passiv. Sie strukturieren, stoßen Vermutungen und Hypothesenbildung an, ermöglichen eine Rückkopplung und gestalten das Lernumfeld so anregend und klar gegliedert, dass die Kinder in hohem Maße selbstständig und mit Freude handeln können.

Ermöglichen Sie Ihren Kindern einen perfekten Schulstart und eine motivierende Begleitung durch die ersten Schuljahre.

Wir wünschen viel Freude und viel Erfolg beim Arbeiten mit dieser zeitsparenden, effektiven und auf Selbsttätigkeit ausgerichteten **Praxishilfe**!

L1

Luft entdecken

Brauche ich Luft?

 10 min

Lernziele	• Den eigenen Körper bewusst wahrnehmen. • Bewusstes Atmen. • Erkennen, dass Luft zum Atmen notwendig ist.
Materialien	• Stoppuhr
So wirds gemacht	• Luft kann man nicht sehen. • Die Kinder sollen ihre Hände auf den Brustkorb legen und fühlen, wie er sich hebt und senkt. • Nun wird die Luft angehalten. • Die Zeit wird gestoppt und mit anderen Zeiten verglichen (z. B.: Wie lange kannst du hüpfen? Wie lange kannst du auf einem Bein stehen?).
Was wird geschehen?	Die Luft kann man nur sehr kurz anhalten.
Warum ist das so?	Der Körper braucht Luft zum Atmen. Beim Einatmen strömt Luft in die Lunge. Dort wird der Sauerstoff ↗ ins Blut geleitet. Die verbrauchte Luft atmen wir wieder aus.

L2

Luft entdecken

Ist Luft in meiner Lunge? Blubberblasen

5 min

Lernziele	• Den eigenen Körper bewusst wahrnehmen. • Erkennen, dass in der Lunge Atemluft ist.
Materialien	• 1 Glas mit Wasser, 1 Strohhalm
So wirds gemacht	• Mit einem Strohhalm in ein Glas mit Wasser blasen.
Was wird geschehen?	Die ausgeatmete Luft wird im Wasser als aufsteigende Gasblase sichtbar.
Warum ist das so?	Beim Ausatmen strömt Atemluft aus unseren Lungen. Die Luft ist leichter als Wasser, deshalb steigen die Blasen auf.
Variation	Karte 3: Tief Luft geholt!

Bernd Ganser (Hrsg.)/Ines Simon: Forscher unterwegs
© Brigg Pädagogik Verlag GmbH, Augsburg

Bernd Ganser (Hrsg.)/Ines Simor : Forscher unterwegs
© Brigg Pädagogik Verlag GmbH, Augsburg

Forscher-karte 1

Luft entdecken

Brauche ich Luft?

  10 min

Materialien
- Stoppuhr

So wirds gemacht
- Lege dich auf den Boden.
- Berühre mit deinen Händen den Brustkorb.
- Atme gleichmäßig ein und aus.

?
Was kannst du fühlen?
Wie lange kannst du die Luft anhalten?

Forscher-karte 2

Luft entdecken

Ist Luft in meiner Lunge? Blubberblasen

  5 min

Materialien
- 1 Glas mit Wasser, 1 Strohhalm

So wirds gemacht
- Blase durch einen Strohhalm in ein Glas mit Wasser.

?
Was kannst du beobachten?
Woher kommt die Luft?

L3

Luft entdecken

Tief Luft geholt!

20 min

Lernziele	• Den eigenen Körper bewusst wahrnehmen.
	• Erkennen, dass in der Lunge Atemluft ist.
Materialien	• 1 große Glasschüssel oder ein großes Einmachglas, 1 Schlauchstück, 1 Wanne, Wasser, Lebensmittelfarbe
So wirds gemacht	So kann man feststellen, wie viel Luft die Lunge aufnehmen kann:
	• Die Wanne mit gefärbtem Wasser füllen.
	• Die Glasschüssel so untertauchen, dass die Luft entweichen kann. Dann mit der Öffnung nach unten auf den Boden der Wanne stellen.
	• Den Schlauch unter den Rand des Glases klemmen.
	• Das Glas von einem Partner festhalten lassen.
	• Tief einatmen und in den Schlauch blasen.
Was wird geschehen?	Die ausgeatmete Luft drückt das Wasser aus dem Glas heraus.
Warum ist das so?	Die Luft benötigt Platz und verdrängt das Wasser.
Variation	Karte 2: Ist Luft in meiner Lunge? Blubberblasen

L4

Luft braucht Platz

Ist die Flasche wirklich leer?

10 min

Lernziele	• In einer „leeren" Flasche ist Luft.
	• Luft kann man nicht sehen.
	• Luft benötigt einen Raum.
Materialien	• 2 Plastikflaschen (eine mit einem Loch), 2 Luftballons
So wirds gemacht	Je einen Luftballon in die Flasche mit bzw. ohne Loch stecken und versuchen, ihn aufzublasen. Dabei die Öffnung des Luftballons über den Flaschenhals stülpen.
Was wird geschehen?	Der Luftballon in der normalen Flasche lässt sich nicht aufblasen. Wiederholt man den Versuch bei der Flasche mit dem zusätzlichen Loch, lässt sich der Luftballon aufblasen.
Warum ist das so?	Luft nimmt einen Raum ein. Die Flasche ist voller Luft, also kann nichts anderes hinein. Hat die Flasche ein Loch, kann die Luft aus der Flasche entweichen.
Variation	Karte 5: Ist der Trichter kaputt?
Phänomen ↗	Luft braucht Platz.

Bernd Ganser (Hrsg.)/Ines Simon: Forscher unterwegs
© Brigg Pädagogik Verlag GmbH, Augsburg

| Forscher-karte **3** | *Luft entdecken*
 Tief Luft geholt! | 20 min | |

Materialien
- 1 große Glasschüssel oder ein großes Einmachglas, 1 Schlauchstück, 1 Wanne, Wasser, Lebensmittelfarbe

So wirds gemacht
- Fülle die Glasschüssel mit gefärbtem Wasser.
- Tauche die Glasschüssel ins Wasser und lass die Luft entweichen.
- Stelle das Glas dann mit der Öffnung nach unten auf den Boden der Wanne
- Klemme den Schlauch unter den Rand des Glases.
- Lass dir das Glas von einem Partner festhalten.
- Atme tief ein und blase in den Schlauch.

? **Was kannst du beobachten?**
Warum ist das so?

| Forscher-karte **4** | *Luft braucht Platz*
 Ist die Flasche wirklich leer? | 10 min | |

Materialien
- 1 Plastikflasche, 1 Plastikflasche mit einem Loch, 2 Luftballons

So wirds gemacht
- Stecke je einen der Luftballons in eine Flasche und ziehe die Öffnung des Ballons über den Flaschenhals.
- Versuche, den Luftballon aufzublasen.

? **Welcher Luftballon lässt sich aufblasen?**
Warum ist das so?

Bernd Ganser (Hrsg.)/Ines Simon: Forscher unterwegs
© Brigg Pädagogik Verlag GmbH, Augsburg

L5

Luft braucht Platz

Ist der Trichter kaputt?

| 5 min |

Lernziele
- In einer „leeren" Flasche ist Luft.
- Luft kann man nicht sehen.
- Luft benötigt einen Raum.

Materialien
- 1 Glasflasche, 1 Trichter, Knetmasse, Wasser

So wirds gemacht
- Einen Trichter auf eine Glasflasche stecken.
- Den Flaschenhals luftdicht mit Knetmasse abdichten.
- Wasser in den Trichter schütten.

Was wird geschehen?
Das Wasser fließt nicht gleichmäßig in die Flasche. Zuerst stockt der Wasserfluss. Dann entweicht eine Luftblase, anschließend fließt etwas Wasser in die Flasche.

Warum ist das so?
Luft nimmt einen Raum ein.
Die Flasche ist voller Luft, also kann nichts anderes hinein. Die Luft entweicht in Blasen nach oben.

Variation
Karte 4: Ist die Flasche wirklich leer?

Phänomen ↗
Luft braucht Platz.

L6

Luft braucht Platz

Wie funktioniert eine Taucherglocke?

| 5 min |

Lernziele
- In einem „leeren" Glas ist Luft.
- Luft benötigt einen Raum.

Materialien
- 1 Glasschüssel, 1 Glas, Wasser, Lebensmittelfarbe

So wirds gemacht
- Die Glasschüssel mit gefärbtem Wasser füllen.
- Das leere Glas mit der Öffnung nach unten ins Wasser tauchen.

Was wird geschehen?
Die Luft bleibt im Glas.
Das Glas läuft nicht mit Wasser voll.

Warum ist das so?
Luft nimmt einen Raum ein.
Das Wasser kann nicht ins Glas eindringen.

Beispiele aus Natur und Technik
Eine einfache Taucherglocke für die Arbeit unter Wasser funktioniert ebenso.

Variation
Karte 7: Gummibärchenaufzug
Karte 8: Luft unter Wasser umfüllen

Phänomen ↗
Luft braucht Platz.

Bernd Ganser (Hrsg.)/Ines Simon: Forscher unterwegs
© Brigg Pädagogik Verlag GmbH, Augsburg

Forscher-karte **5**	*Luft braucht Platz* **Ist der Trichter kaputt?**	5 min	

Materialien
- 1 Glasflasche, 1 Trichter, Knetmasse, Wasser

So wirds gemacht
- Stecke einen Trichter auf eine Glasflasche.
- Verschließe den Rand des Flaschenhalses mit Knete.
- Gieße Wasser in den Trichter.

?
Was kannst du beobachten?
Warum ist das so?

Forscher-karte **6**	*Luft braucht Platz* **Wie funktioniert eine Taucherglocke?**	5 min	

Materialien
- 1 Glasschüssel, 1 Glas, Wasser, Lebensmittelfarbe

So wirds gemacht
- Fülle die Glasschüssel mit Wasser.
- Färbe das Wasser mit Lebensmittelfarbe.
- Tauche das leere Glas mit der Öffnung nach unten ins Wasser.

?
Wird das Glas voll Wasser laufen oder nicht?
Was kannst du beobachten?
Warum ist das so?

Bernd Ganser (Hrsg.)/Ines Simon: Forscher unterwegs
© Brigg Pädagogik Verlag GmbH Augsburg

L7

Luft braucht Platz

Gummibärchenaufzug

| 5 min |

Lernziele	• In einem „leeren" Glas ist Luft. • Luft benötigt einen Raum.
Materialien	• 1 Glasschüssel, Wasser, Lebensmittelfarbe, 1 Glas, 1 Aluhülle eines Teelichts, 1 Gummibärchen
So wirds gemacht	• Die Glasschüssel mit gefärbtem Wasser füllen. • Das Gummibärchen in die leere Aluhülle legen, sie dient als „Boot". • Das „Boot" vorsichtig auf die Wasseroberfläche setzen. • Das leere Glas mit der Öffnung nach unten über das Gummibärchen im Teelichtbehälter stülpen und nach unten drücken.
Was wird geschehen?	Im Glas ist Luft. Diese Luft benötigt Platz. Das Gummibärchen in der Aluhülle wird mit der Luft nach unten gedrückt. Da Luft im Glas ist, bleibt das Gummibärchen trocken.
Warum ist das so?	Luft nimmt einen Raum ein. Das Wasser kann nicht ins Glas eindringen.
Beispiele aus Natur und Technik	Eine einfache Taucherglocke für die Arbeit unter Wasser funktioniert ebenso.
Variation	Karte 6: Wie funktioniert eine Taucherglocke? Karte 8: Luft unter Wasser umfüllen
Phänomen ↗	Luft braucht Platz.

L8

Luft braucht Platz

Luft unter Wasser umfüllen

| 5 min |

Lernziele	• In einem „leeren" Glas ist Luft. • Luft kann man nicht sehen. • Luft benötigt einen Raum.
Materialien	• 1 Flasche, 1 Glas, 1 Schüssel mit Wasser, Lebensmittelfarbe
So wirds gemacht	• Zwei Drittel der Glasschüssel mit gefärbtem Wasser füllen. • Das leere Glas zunächst so in das Wasser tauchen, dass es sich füllt. • Dann umdrehen, die Öffnung ist jetzt unten. • Die Flasche mit dem Daumen verschließen und untertauchen. • Die Luft von der Flasche ins Glas umfüllen.
Was wird geschehen?	Die Luft steigt nach oben und füllt das Glas.
Warum ist das so?	Das spezifische Gewicht der Luft ist geringer als das des Wassers. Deshalb steigt die Luft nach oben. Sie braucht Platz und verdrängt das Wasser aus dem Glas.
Variation	Karte 6: Wie funktioniert eine Taucherglocke? Karte 7: Gummibärchenaufzug
Phänomen ↗	Luft braucht Platz.

Bernd Ganser (Hrsg.)/Ines Simon: Forscher unterwegs
© Brigg Pädagogik Verlag GmbH, Augsburg

Forscher- karte 7	*Luft braucht Platz* **Gummibärchenaufzug**

Materialien
- 1 Glasschüssel, Wasser, Lebensmittelfarbe, 1 Glas, 1 Aluhülle eines Teelichts, 1 Gummibärchen

So wirds gemacht
- Fülle zwei Drittel der Glasschüssel mit Wasser.
- Färbe das Wasser mit Lebensmittelfarbe.
- Setze das Gummibärchen in die leere Aluhülle und diese dann auf das Wasser.
- Tauche das leere Glas mit der Öffnung nach unten über das Gummibärchen ins Wasser.

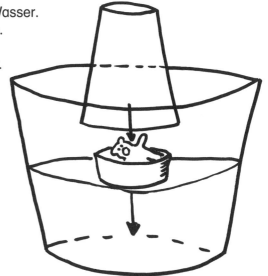

?
Wird das Gummibärchen nass?
Was kannst du beobachten?
Warum ist das so?

Forscher- karte 8	*Luft braucht Platz* **Luft unter Wasser umfüllen**

Materialien
- 1 Flasche, 1 Glas, 1 Schüssel mit Wasser, Lebensmittelfarbe

So wirds gemacht
- Fülle zwei Drittel der Glasschüssel mit gefärbtem Wasser.
- Tauche das Glas nun so in die Schüssel, dass es sich mit Wasser füllt.
- Drehe dann das Glas um.
- Halte die Flasche mit deinem Daumen zu und tauche sie unter.
- Fülle die Luft von der Flasche ins Glas um.

?
Wird das Glas voll Wasser laufen oder nicht?
Was kannst du beobachten?

L9

Kann man Luft zusammendrücken?

Luftpumpe

| 5 min |

Lernziele	• Luft ist elastisch.
Materialien	• 1 Fahrradpumpe
So wirds gemacht	• Den Ventilanschluss einer Fahrradpumpe mit dem Daumen verschließen. • Dann den Kolben hineindrücken.
Was wird geschehen?	Der Kolben lässt sich nur ein Stück hineindrücken.
Warum ist das so?	Luft ist elastisch. Sie lässt sich zusammenpressen.
Beispiele aus Natur und Technik	Eine Luftpumpe presst Luft in den Reifen. Diese Luft drückt nun von innen gegen die Reifenwand. Die zusammengepresste Luft sorgt dafür, dass der Reifen beim Fahren elastisch federt und das Gewicht von Fahrrad und Reifen trägt.
Variation	Karte 10: Warum springt der Ball? Karte 11: Warum fährt mein Fahrrad nicht?
Phänomen ↗	Luft ist elastisch.

L10

Kann man Luft zusammendrücken?

Warum springt der Ball?

| 5 min |

Lernziele	• Luft ist elastisch.
Materialien	• 1 Ball, der nur wenig aufgepumpt ist, 1 Luftpumpe
So wirds gemacht	• Ein Ball mit wenig Luft wird geprellt. • Anschließend den Ball aufpumpen und erneut prellen.
Was wird geschehen?	Der Ball springt erst, wenn er ausreichend aufgepumpt ist.
Warum ist das so?	Die Luft ist im Ball zusammengepresst. Der Luftdruck im Ball ist höher als außerhalb. Beim Prellen wird die Luft kurzfristig noch weiter zusammengedrückt.
Beispiele aus Natur und Technik	Luftreifen und Hüpfburgen
Variation	Karte 9: Luftpumpe Karte 11: Warum fährt mein Fahrrad nicht?
Phänomen ↗	Luft ist elastisch.

Bernd Ganser (Hrsg.)/Ines Simon: Forscher unterwegs
© Brigg Pädagogik Verlag GmbH, Augsburg

Forscher-karte

9

Kann man Luft zusammendrücken?

Luftpumpe

Materialien	• 1 Fahrradpumpe
So wirds gemacht	• Nimm eine Luftpumpe.
	• Ziehe sie auseinander und halte den Ventilanschluss zu.
	• Versuche dann, den Kolben hineinzudrücken.

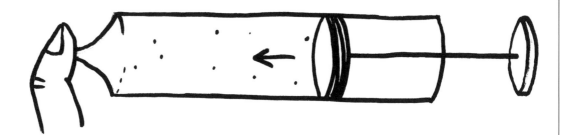

? **Was kannst du beobachten?**
Warum ist das so?

Forscher-karte

10

Kann man Luft zusammendrücken?

Warum springt der Ball?

Materialien	• 1 Ball, der nur wenig aufgepumpt ist, 1 Luftpumpe
So wirds gemacht	• Prelle den Ball, wenn wenig Luft darin ist.
	• Pumpe den Ball dann gut auf.
	• Prelle den Ball erneut.

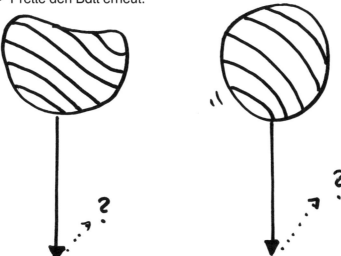

? **Was kannst du beobachten?**
Warum ist das so?

L11

Kann man Luft zusammendrücken?
Warum fährt mein Fahrrad nicht?

 5 min

Lernziele	• Luft ist elastisch.
Materialien	• 1 Fahrradpumpe, 1 Fahrrad, dessen Vorderreifen nicht aufgepumpt ist
So wirds gemacht	• Das Fahrrad **schieben** und versuchen, zu lenken. • Dabei das Rad auch einmal über eine Kante oder Erhebung rollen. • Dann den Reifen aufpumpen und den Versuch wiederholen.
Was wird geschehen?	Nur mit aufgepumptem Reifen lässt sich das Fahrrad lenken.
Warum ist das so?	Der Reifen ist erst elastisch, wenn der Innendruck höher ist als der Außendruck.
Beispiele aus Natur und Technik	Gummiball
Variation	Karte 9: Luftpumpe Karte 10: Warum springt der Ball?
Phänomen ↗	Luft ist elastisch.

L12

Kann man Luft zusammendrücken?
Hebebühne

  5 min

Lernziele	• Luft ist elastisch. • Luft braucht Platz. • Gepresste Luft kann Dinge bewegen.
Materialien	• 1 Luftballon, 1 schweres Buch
So wirds gemacht	• Ein Luftballon wird unter ein Buch gelegt und dann aufgeblasen.
Was wird geschehen?	Der Luftballon drückt das Buch nach oben.
Warum ist das so?	Die Luft ist im Ballon eingesperrt und kann nicht entweichen. Wird weitere Luft hineingeblasen, braucht sie noch mehr Platz. Sie drückt den Luftballon auseinander und hebt sogar das Buch in die Höhe.
Beispiele aus Natur und Technik	Hebebühne
Phänomen ↗	• Luft ist elastisch. • Luft braucht Platz.

Bernd Ganser (Hrsg.)/Ines Simon: Forscher unterwegs
© Brigg Pädagogik Verlag GmbH, Augsburg

Forscher-karte 11

Kann man Luft zusammendrücken?

Warum fährt mein Fahrrad nicht?

5 min

Materialien
- 1 Fahrradpumpe, 1 Fahrrad, dessen Vorderreifen nicht aufgepumpt ist

So wirds gemacht
- Versuche, das Fahrrad zu **schieben**.
- Versuche dabei, das Fahrrad zu lenken.
- Schiebe das Fahrrad **langsam** über eine Kante.
- Pumpe dann den Reifen auf und wiederhole diese Versuche.

? **Was kannst du beobachten?**
Warum ist das so?

Forscher-karte 12

Kann man Luft zusammendrücken?

Hebebühne

5 min

Materialien
- 1 Luftballon, 1 schweres Buch

So wirds gemacht
- Nimm den Luftballon.
- Lege ihn unter das Buch.
- Blase den Luftballon auf.

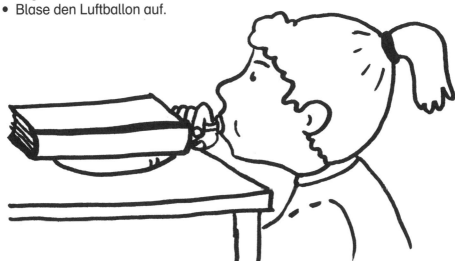

? **Was kannst du beobachten?**
Warum ist das so?

Bernd Ganser (Hrsg.)/Ines Simon: Forscher unterwegs
© Brigg Pädagogik Verlag GmbH Augsburg

L13

Luftwiderstand ↗

Kann Luft bremsen? Schilderrennen

| 30 min |

Lernziele
- Luft hat einen Widerstand.
- Spüren des Luftwiderstands ↗ von verschieden großen Pappstücken.
- Erkennen, dass der Widerstand mit der Größe der Fläche zunimmt.

Materialien
- Große Papprechtecke in verschiedenen Größen

So wirds gemacht
- Verschieden große Pappstücke bereitlegen.
- Die Kinder rennen zuerst mit kleinen, später mit größeren Pappstücken durch die Turnhalle.

Was wird geschehen?
Mit den größten Pappstücken kommen die Kinder am schwersten voran.

Warum ist das so?
Je größer das Pappstück ist, desto größer ist der Luftwiderstand ↗.

Beispiele aus Natur und Technik
Der Fallschirmspringer fällt schnell zu Boden. Wenn sich der Fallschirm öffnet, wird der Fall abgebremst. Vögel spreizen beim Landen die Federn, Flugzeuge bremsen mit Hilfe von Landeklappen, die sie ausstellen.

Variation
Karte 14: Spiele mit dem Schwungtuch
Ebenso: Rennen mit einem Schirm, Sprung vom Kasten mit den Pappstücken

Phänomen ↗
Luft kann bremsen.

L14

Luftwiderstand ↗

Spiele mit dem Schwungtuch

| 30 min |

Lernziele
- Luft hat einen Widerstand, den man spüren kann.

Materialien
- 1 Schwungtuch

So wirds gemacht
- Die Kinder bewegen das Schwungtuch auf und nieder.

Was wird geschehen?
Je größer das Schwungtuch ist, desto mehr Kraft ist nötig, um es zu bewegen.

Warum ist das so?
Der Luftwiderstand ↗ nimmt mit der Fläche zu.

Beispiele aus Natur und Technik
Der Fallschirmspringer fällt schnell zu Boden. Wenn sich der Fallschirm öffnet, wird der Fall abgebremst.

Variation
Karte 13: Schilderrennen

Phänomen ↗
Luft kann bremsen.

Bernd Ganser (Hrsg.)/Ines Simon: Forscher unterwegs
© Brigg Pädagogik Verlag GmbH, Augsburg

Forscher-karte 13

Luftwiderstand ↗

  30 min

Kann Luft bremsen? Schilderrennen

Materialien
- Große Papprechtecke in verschiedenen Größen

So wirds gemacht
- Suche dir alleine oder mit einem Partner verschieden große Pappstücke aus.
- Rennt damit durch die Halle.
- Vielleicht dürft ihr damit auch vom Kasten springen?

?

Was kannst du beobachten?
Warum ist das so?

Forscher-karte 14

Luftwiderstand ↗

  30 min

Spiele mit dem Schwungtuch

Materialien
- 1 Schwungtuch

So wirds gemacht
- Bewegt das Schwungtuch auf und nieder.

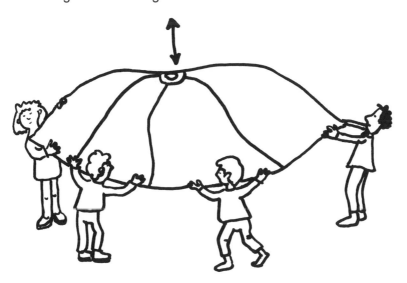

?

Was kannst du fühlen?
Warum ist das so?
Würde sich etwas ändern, wenn das Schwungtuch kleiner wäre?

Bernd Ganser (Hrsg.)/Ines Simon: Forscher unterwegs
© Brigg Pädagogik Verlag GmbH, Augsburg

L15

Luftwiderstand ↗

Fallversuche

□ | 5 min

Lernziele	• Luft hat einen Widerstand. • Erkennen, dass der Widerstand mit der Größe der Fläche zunimmt.
Materialien	• 2 Blatt Papier (DIN A4)
So wirds gemacht	• Ein Blatt wird zerknüllt, dann werden beide Blätter gleichzeitig fallen gelassen. • Welches Blatt ist zuerst am Boden?
Was wird geschehen?	Das zerknüllte Papier erreicht den Boden schneller.
Warum ist das so?	Der Fläche des zusammengeknüllten Papiers ist kleiner, es wird daher von der Luft weniger gebremst.
Beispiele aus Natur und Technik	Der Fallschirmspringer fällt schnell zu Boden. Wenn sich der Fallschirm öffnet, wird der Fall abgebremst. Vögel spreizen beim Landen die Federn, Flugzeuge bremsen mit Hilfe von Landeklappen, die sie ausstellen.
Variation	Karte 16: Lustiger Sauser Ebenso: Papierflieger (auch in Form eines Flugwettbewerbs)
Phänomen ↗	Luft kann bremsen.

L16

Luftwiderstand ↗

Lustiger Sauser

□ | 20 min

Lernziele	• Luft hat einen Widerstand, den man spüren kann. • Eine Luftströmung kann einen Gegenstand in Bewegung versetzen.
Materialien	• 1 Blatt Papier, Bastelvorlage (Forscherkarte 16, evtl. vergrößert), Bleistift, Lineal, Schere. (Mit einer Büroklammer fliegt der Sauser noch schöner, bei kleinen Kindern kann sie aber wegen der Gefahr des Verschluckens entfallen.)
So wirds gemacht	• Die Kinder schneiden die Bastelvorlage aus und falten den Sauser nach Anleitung. • Der Sauser wird fallen gelassen, die Propeller nach oben.
Was wird geschehen?	Zunächst fällt der Sauser gerade hinunter. Bald beginnt er jedoch, um seine senkrechte Achse zu rotieren ↗.
Warum ist das so?	Die Flügel bremsen den Sturzflug ab. Danach bewirkt die Luftströmung eine Rotation ↗.
Beispiele aus Natur und Technik	Ahornsamen
Variation	Karte 15: Fallversuche Ebenso: Papierflieger (auch in Form eines Flugwettbewerbs)
Phänomen ↗	Luft kann bremsen und bewegen.

Bernd Ganser (Hrsg.)/Ines Simon: Forscher unterwegs
© Brigg Pädagogik Verlag GmbH, Augsburg

Forscherkarte 15

Luftwiderstand ↗

Fallversuche

| | 5 min |

Materialien
- 2 Blatt Papier (DIN A4)

So wirds gemacht
- Ein Blatt Papier musst du falten oder zusammenknüllen.
- Lass beide Blätter nun gleichzeitig fallen.

? **Was kannst du beobachten?**
Warum ist das so?

Forscherkarte 16

Luftwiderstand ↗

Lustiger Sauser

| | 20 min |

Materialien
- 1 Blatt Papier, Bastelvorlage, Bleistift, Lineal, Schere, evtl. 1 Büroklammer

So wirds gemacht
- Übertrage die Vorlage unten mit Bleistift auf ein Blatt Papier.
- Die durchgezogenen Linien musst du ausschneiden oder einschneiden. Entlang der gepunkteten Linien musst du falten.
- Dann sieht dein Sauser ungefähr aus wie auf dem Bild rechts.
- Halte ihn so, dass die Flügel vom Propeller nach oben zeigen.
- Lass den Sauser nun fallen.

? **Was kannst du beobachten?**

Bernd Ganser (Hrsg.)/Ines Simon: Forscher unterwegs
© Brigg Pädagogik Verlag GmbH, Augsburg

L17 — Luft hat Kraft
Wie funktioniert ein Segel?

   30 min

Lernziele	• Luft hat Kraft. • Der Luftwiderstand ↗ kann als Antrieb genutzt werden.
Materialien	• 1 Platte aus Styropor (ca. 30 cm), 2 Schaschlikspieße, 1 Blatt Papier (DIN A4) • Cuttermesser (nur für Erwachsene)
So wirds gemacht	• Die Styroporplatte von einem Erwachsenen mit dem Cuttermesser vorne spitz zuschneiden. • Die Schaschlikspieße links und rechts durch das Papiersegel schieben und in den Styroporrumpf stecken. • Dann wird das Segelschiff aufs Wasser gesetzt und von hinten ins Segel geblasen.
Was wird geschehen?	Das Schiff bewegt sich auf dem Wasser vorwärts und zwar in die Richtung, in die geblasen wurde.
Warum ist das so?	Die Luft kann als Antrieb verwendet werden. Je größer das Segel, desto größer die Kraft, die das Boot bewegt.
Beispiele aus Natur und Technik	Alle Segelboote funktionieren nach diesem Prinzip.
Phänomen ↗	Luft kann bremsen und bewegen.

L18 — *Luftströmungen und Luftdruck ↗*
Warum klappt das Papier hoch?

  20 min

Lernziele	• Luftströmungen kennenlernen. • Erkennen, dass der Druck eines Gases mit zunehmender Geschwindigkeit geringer wird.
Materialien	• 1 schmaler Streifen Papier (z. B. ein längs halbiertes DIN-A4-Blatt)
So wirds gemacht	• Den Papierstreifen mit der schmalen Seite unter die Unterlippe halten. • Kräftig über die Oberseite pusten.
Was wird geschehen?	Das Papier bewegt sich nach oben.
Warum ist das so?	Die ausgepustete Luft bewegt sich mit hoher Strömungsgeschwindigkeit. Die Luft unter dem Papierstück strömt hingegen nicht. Im Luftstrom auf der Papieroberseite entsteht ein geringerer Druck (= Unterdruck) als auf der Unterseite. Das Papier steigt nach oben.
Beispiele aus Natur und Technik	Tragfläche eines Flugzeugs
Variation	Karte 19: Wie fliegt ein Flugzeug? Ein möglichst windschnittiges Auto entwerfen und malen.
Phänomen ↗	Bernoullis Gesetz ↗

Bernd Ganser (Hrsg.)/Ines Simon: Forscher unterwegs
© Brigg Pädagogik Verlag GmbH, Augsburg

| Forscher-karte 17 | Luft hat Kraft
Wie funktioniert ein Segel? | | |

Materialien
- 1 Bootsrumpf aus Styropor (ca. 30 cm), 2 Schaschlikspieße, 1 Blatt Papier (DIN A4)

So wirds gemacht
- Stich die beiden Schaschlikspieße durch das Papiersegel – einen links, den anderen rechts.
- Stecke die beiden Spieße mit dem Segel in den Rumpf des Bootes. So verhinderst du, dass sich das Segel dreht.
- Nun kannst du dein Segelschiff aufs Wasser setzen und von hinten ins Segel blasen.

? **Was kannst du beobachten?**
Warum ist das so?

| Forscher-karte 18 | *Luftströmungen und Luftdruck* ↗
Warum klappt das Papier hoch? | | |

Materialien
- 1 schmaler Streifen Papier (z.B. ein längs halbiertes DIN-A4-Blatt)

So wirds gemacht
- Halte das Papier mit der schmalen Seite unter deinen Mund.
- Jetzt musst du kräftig pusten!

? **Was kannst du beobachten?**
Warum ist das so?
Male nun Rennautos, die besonders windschnittig sind!

L19

Luftströmungen und Luftdruck ↗

Wie fliegt ein Flugzeug?

  30 min

Lernziele	• Erkennen, dass der Druck eines Gases mit zunehmender Geschwindigkeit geringer wird.
Materialien	• 1 Streifen Tonpapier (15 cm breit), Schere, Klebeband, 1 dicker Strohhalm, Paketschnur, Gewicht, Milchdosenöffner oder Nagel zum Bohren, Föhn
So wirds gemacht	• Das Tonpapier so falten, dass eine Seite etwas kürzer ist. Die Enden zusammenkleben. Zwei gegenüberliegende Löcher in den Karton bohren, Strohhalm durch die Löcher stecken und festkleben. So abschneiden, dass er an beiden Seiten ca. 3 cm übersteht. Schnur durch den Strohhalm fädeln. Die Wölbung des Papierstreifens zeigt nach oben. Schnur an einem Haken an der Decke aufhängen und beschweren. Mit dem Föhn gegen den Flügel blasen.
Was wird geschehen?	Der Flügel steigt am Faden auf.
Warum ist das so?	Entlang des Bogens auf der Flügeloberseite ist der Weg der Luft länger, der Druck sinkt, denn die Strömungsgeschwindigkeit ist größer. Die Luft unter dem Flügel hat einen höheren Druck. Der Flügel wird nach oben gedrückt.
Beispiele aus Natur und Technik	Tragfläche eines Flugzeugs
Variation	Karte 18: Warum klappt das Papier hoch?
Phänomen ↗	Bernoullis Gesetz ↗

L20

Luftströmungen und Luftdruck ↗

Kann man Luft lenken?

  20 min

Lernziele	• Luftströmungen kennenlernen. • Luftstrom umlenken.
Materialien	• 1 eckige Milchtüte, 1 runde Flasche • 2 Kerzen, Streichhölzer
So wirds gemacht	• Eine Milchtüte vor die brennende Kerze stellen und kräftig dagegenblasen. • Eine runde Flasche vor die brennende Kerze stellen und kräftig dagegenblasen.
Was wird geschehen?	Die Kerze hinter der Milchtüte brennt weiter. Die Kerze hinter der Flasche verlischt.
Warum ist das so?	Die Strömung der Luft ist parallel und wird durch ein Hindernis abgelenkt. Hinter der Flasche fließt der Luftstrom wieder zusammen und löscht die Flamme. Bei der eckigen Tüte verwirbeln die Kanten die Luft, der Luftstrom kann die Kerze nicht erreichen. Sie brennt weiter.
Beispiele aus Natur und Technik	Baumstämme sind ein schlechter Windschutz. Schneetrichter: Liegt im Winter tiefer Schnee, findet man um Baumstämme oft trichterförmige Mulden. Im Luftstrom um den Baumstamm herum entsteht ein Unterdruck. Der Sog zieht den Schnee fort.
Phänomen ↗	Bernoullis Gesetz ↗

Bernd Ganser (Hrsg.)/Ines Simon: Forscher unterwegs
© Brigg Pädagogik Verlag GmbH, Augsburg

Forscher-karte 19

Luftströmungen und Luftdruck ↗

Wie fliegt ein Flugzeug?

 30 min

Materialien
- 1 Streifen Tonpapier (15 cm breit), Schere, Klebeband, 1 dicker Strohhalm, Paketschnur, Gewicht, Milchdosenöffner oder Nagel zum Bohren, Föhn

So wirds gemacht
- Falte das Tonpapier so zusammen, dass eine Seite etwas kürzer ist. Klebe den Streifen an seinen Enden zusammen.
- Bohre zwei gegenüberliegende Löcher in den Karton. Stecke den Strohhalm durch die Löcher und klebe ihn fest. Schneide den Strohhalm so ab, dass er an beiden Seiten ca. 3 cm übersteht.
- Fädele nun die Schnur durch den Strohhalm. Die Wölbung des Papierstreifens muss nach oben zeigen.
- Befestige die Schnur an einem Haken an der Decke und beschwere sie unten mit einem Gewicht, damit sie gespannt ist.
- Jetzt kannst du mit dem Föhn gegen den Flügel blasen.

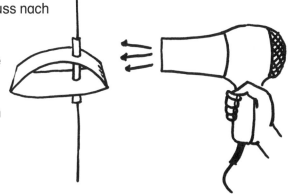

? **Was kannst du beobachten?**
Warum ist das so?

Forscher-karte 20

Luftströmungen und Luftdruck ↗

Kann man Luft lenken?

 20 min

Materialien
- 1 eckige Milchtüte, 1 runde Flasche
- 2 Kerzen, Streichhölzer

So wirds gemacht
- Stelle die eckige Milchtüte vor die brennende Kerze und blase kräftig gegen die Tüte.
- Stelle die runde Flasche vor die brennende Kerze und blase kräftig gegen die Flasche.

? **Was kannst du beobachten?**
Warum ist das so?

Bernd Ganser (Hrsg.)/Ines Simon: Forscher unterwegs
© Brigg Pädagogik Verlag GmbH, Augsburg

L21

Aus was Luft besteht

Braucht ein Feuer Luft?

  15 min

Lernziele	• Verschiedene Gase in der Luft entdecken.
Materialien	• 1 Glasschüssel, Wasser mit Lebensmittelfarbe, 1 Marmeladenglas • 1 Teelicht, Streichhölzer
So wirds gemacht	• Teelicht anzünden und in die Schale stellen. • Glas darüberstülpen. • Gefärbtes Wasser in die Schale gießen.
Was wird geschehen?	Die Flamme verlischt nach einer Weile. Das Wasser steigt im Marmeladenglas hoch.
Warum ist das so?	Hat die Flamme den Sauerstoff ↗ verbraucht, verlischt sie. Das Wasser nimmt den Raum des verbrauchten Sauerstoffs ein. Das restliche Gas ist nicht brennbarer Stickstoff ↗ und Kohlendioxid ↗.
Beispiele aus Natur und Technik	Automotor: Der Motor eines Autos gewinnt seine Energie aus der Verbrennung von Benzin. Jede Verbrennung benötigt den Sauerstoff ↗ aus der Luft.
Variation	Welche Kerze brennt am längsten? Gleichzeitig verschieden große Gläser über die Teelichter stülpen.

L22

Aus was Luft besteht

Wer pustet den Ballon auf?

 60 min

Lernziele	• Erkennen, dass es verschiedene Gase gibt.
Materialien	• 1 Flasche mit engem Hals, warmes Wasser, 1 Trichter, 1 Luftballon • 3 Teelöffel Hefe, 1 Teelöffel Zucker
So wirds gemacht	• Die Flasche zu einem Viertel mit warmem Wasser füllen. • Hefe und Zucker in die Flasche geben und durch leichtes Schütteln vermischen. • Den Luftballon aufblasen, um das Material weicher zu machen, dann die Luft wieder entweichen lassen. • Die Öffnung des Luftballons über den Flaschenhals stülpen.
Was wird geschehen?	Das Gemisch beginnt zu schäumen. Ein Gas mit dem Namen Kohlendioxid ↗ entsteht. Das Kohlendioxid bläst den Ballon auf.
Warum ist das so?	Werden Hefe und Zucker mit warmem Wasser vermischt, beginnt die Hefe zu gären. Es bildet sich das Gas Kohlendioxid ↗. Das Gas bläst den Ballon auf.
Beispiele aus Natur und Technik	Bei der Zubereitung eines Hefeteigs entsteht ebenfalls das Gas Kohlendioxid ↗. Es sorgt für die Durchlüftung des Teigs. Der Teig geht auf. Brot und Kuchen werden dadurch lockerer. Auch Backpulver ist ein solches Triebmittel.
Variation	Einen Hefekuchen backen.

Bernd Ganser (Hrsg.)/Ines Simon: Forscher unterwegs
© Brigg Pädagogik Verlag GmbH, Augsburg

Forscher-karte 21

Aus was Luft besteht

Braucht ein Feuer Luft?

   15 min

Materialien
- 1 Glasschüssel, Wasser mit Lebensmittelfarbe, 1 Marmeladenglas
- 1 Teelicht, Streichhölzer

So wirds gemacht
- Färbe das Wasser mit der Lebensmittelfarbe.
- Zünde das Teelicht unter Aufsicht eines Erwachsenen an und stelle es in die Glasschüssel.
- Stülpe das Glas darüber.
- Gieße dann das gefärbte Wasser vorsichtig in die Schüssel.

?
Was kannst du beobachten?
Warum ist das so?

Forscher-karte 22

Aus was Luft besteht

Wer pustet den Ballon auf?

 60 min

Materialien
- 1 Flasche mit engem Hals, warmes Wasser, 1 Trichter zum Befüllen, 1 Luftballon
- 3 Teelöffel Hefe, 1 Teelöffel Zucker

So wirds gemacht
- Fülle die Flasche zu einem Viertel mit warmem Wasser.
- Gib Hefe und Zucker in die Flasche und mische die Zutaten, indem du die Flasche vorsichtig schüttelst.
- Stülpe die Öffnung des Luftballons über den Flaschenhals.
- Jetzt musst du etwa 30 Minuten warten.

?
Was kannst du beobachten?
Warum ist das so?

Bernd Ganser (Hrsg.)/Ines Simon: Forscher unterwegs
© Brigg Pädagogik Verlag GmbH, Augsburg

L23

Licht macht Dinge sichtbar

Was sehe ich, wenn es dunkel ist?

  15 min

Lernziele	• Licht macht die Dinge sichtbar. • Im Dämmerlicht sieht man keine Farben.
Materialien	• 1 Taschenlampe • 1 Raum, der verdunkelt werden kann
So wirds gemacht	• Raum verdunkeln. • Verschiedene Dinge mit der Taschenlampe anstrahlen. • Zimmer dämmrig machen.
Was wird geschehen?	In vollkommener Dunkelheit kann man nichts erkennen. Im Halbdunkel sieht alles grau aus. Die Dinge, die mit der Taschenlampe bestrahlt werden, kann man farbig sehen.
Warum ist das so?	Zum Sehen braucht das menschliche Auge Licht. Kommt nur wenig Licht ins Auge, sehen wir nur Grautöne.
Beispiele aus Natur und Technik	Wenn jemand die Augen schließt und nach einiger Zeit wieder öffnet, kann man sehen, wie sich die Pupillen ↗ zusammenziehen. Je dunkler es ist, umso weiter öffnen sich die Pupillen, damit möglichst viel Licht ins Augeninnere gelangen kann.

L24

Verschiedene Lichtquellen

Woher kommt das Licht?

  15 min

Lernziele	• Die Sonne als natürliche Lichtquelle. • Verschiedene Lichtquellen erkennen.
Materialien	• Verschiedene Lichtquellen: Taschenlampe, Kerze, Lampe, Scheinwerfer …
So wirds gemacht	• Die Kinder erkunden ihre Umwelt nach verschiedenen Lichtquellen. • Diese werden, soweit möglich, zusammengetragen, im Sitz- oder Erzählkreis besprochen und geordnet (auch in Form von Bild- und Textkarten).
Was wird geschehen?	Die Kinder erkennen, dass es viele verschiedene Lichtquellen gibt, wobei natürliche und künstliche Lichtquellen unterschieden werden können. Auch können Merkmale wie Helligkeit, Farbtemperatur und Wärmeentwicklung angesprochen werden. Von den Lichtquellen sind reflektierende ↗ Objekte (Spiegel, Mond, Katzenaugen am Fahrrad) zu unterscheiden.

Bernd Ganser (Hrsg.)/Ines Simon: Forscher unterwegs
© Brigg Pädagogik Verlag GmbH, Augsburg

Forscher-karte 23

Licht macht Dinge sichtbar

Was sehe ich, wenn es dunkel ist?

  15 min

Materialien
- 1 Taschenlampe
- 1 Raum, der verdunkelt werden kann

So wirds gemacht
- Verdunkelt den Raum.
- Strahlt verschiedene Dinge mit der Taschenlampe an.
- Macht dann den Raum dämmrig.

?

Was kannst du im dunklen Raum sehen?
Was kannst du im halbdunklen Raum sehen?
Warum ist das so?

Forscher-karte 24

Verschiedene Lichtquellen

Woher kommt das Licht?

  15 min

Materialien
- Verschiedene Lichtquellen: Taschenlampe, Kerze, Lampe, Scheinwerfer ...
- Papier und Stifte

So wirds gemacht
- Suche verschiedene Lichtquellen und trage sie in den Sitz- oder Erzählkreis.
- Lichtquellen, die du nicht mitnehmen kannst, zeichnest du einfach ab.
- Ordnet die Lichtquellen und besprecht die Ergebnisse.

?

Welche Lichtquellen hast du gefunden?
Welche Lichtquellen kennst du noch?
Worin unterscheiden sie sich?

Bernd Ganser (Hrsg.)/Ines Simon: Forscher unterwegs
© Brigg Pädagogik Verlag GmbH, Augsburg

L25

Schatten werfen

Meine Sonnenuhr

stündlich 5 min

Lernziele	• Erkennen, dass undurchsichtige Materialien Schatten werfen. • Erkennen, dass Schatten wandern können.
Materialien	• 1 gerader Stock, Paketschnur, ca. 1 m lang, 12 Kieselsteine, Permanentstift • Wiesenstück oder Sandplatz in der Sonne
So wirds gemacht	• Den Stock an einem sonnigen Tag in den Boden stecken. • Die Paketschnur an den Stock binden. Sie dient dazu, dass die Abstände der Kiesel zum Stock gleich sind. • Immer zur vollen Stunde wird ein Stein abgelegt. (Beim Ablegen der Steine kann man sich z. B. vom Hausmeister helfen lassen.) • Die Steine können mit der jeweiligen Uhrzeit beschriftet werden.
Was wird geschehen?	Der Stock wirft einen Schatten. Der Schatten wandert, die Zeit lässt sich ablesen.
Warum ist das so?	Undurchsichtige Objekte wie der Stock werfen einen Schatten. Mit dem (scheinbaren) Lauf der Sonne am Himmel wandert der Schatten des Stockes weiter. An den ausgelegten Kieseln lässt sich die Zeit ablesen.
Beispiele aus Natur und Technik	Sonnenuhren und die einfacheren Schattenwerfer (Gnomone) wurden schon im Alten Ägypten, im Alten China und später von den Römern verwendet. So zeigte ein riesiger Obelisk ↗ in der Stadt Rom die Zeit an.
Phänomen ↗	Lichtundurchlässige Dinge werfen einen Schatten.

L26

Schatten werfen

Schatten selbst gemacht: Geistertanz

30 min

Lernziele	• Erkennen, dass undurchsichtige Materialien Schatten werfen.
Materialien	• Tonpapier, Klebeband, Schere, Bleistift, Schaschlikstäbe • Taschenlampe, Raum, der verdunkelt werden kann, weiße Wand
So wirds gemacht	• Einen Geist auf Tonpapier zeichnen oder die Bastelvorlage von Forscherkarte 26 auf DIN A4 vergrößern. • Den Geist ausschneiden und mit Klebeband am Ende des Holzstabes befestigen. • Den Geist vor eine weiße Wand halten und mit einer Taschenlampe anstrahlen.
Was wird geschehen?	Die ausgeschnittene Figur wirft einen Schatten an die weiße Wand. Die Größe des Schattens ist sowohl abhängig vom Abstand zwischen Lichtquelle und Figur als auch vom Abstand zwischen Figur und Wand.
Warum ist das so?	Tonpapier lässt kein Licht durch. Die Lichtstrahlen, die auf die Figur treffen, erreichen die Wand nicht. Deshalb bleibt die Wandfläche dahinter dunkel. Diese dunkle Fläche ist der Schatten. Er hat dieselbe Form wie die ausgeschnittene Figur, weil sich Lichtstrahlen gradlinig ausbreiten.
Beispiele aus Natur und Technik	Wir schützen unsere Haut durch Kleidung vor dem Licht und setzen uns unter einen Sonnenschirm.
Phänomen ↗	Lichtundurchlässige Dinge werfen einen Schatten.

Bernd Ganser (Hrsg.)/Ines Simon: Forscher unterwegs
© Brigg Pädagogik Verlag GmbH, Augsburg

Forscher-karte 25

Schatten werfen

Meine Sonnenuhr

Materialien
- 1 gerader Stock, Paketschnur, ca. 1 m lang, 12 Kieselsteine, Permanentstift
- Wiesenstück oder Sandplatz in der Sonne

So wirds gemacht
- Stecke den Stock an einem sonnigen Tag in den Boden.
- Binde die Paketschnur an den Stock. Sie dient dazu, dass die Abstände der Kiesel zum Stock gleich sind.
- Lege zu jeder vollen Stunde einen Stein auf den Schatten, den der Stock wirft.
- Mit der Schnur sorgst du dafür, dass der Abstand zwischen Stock und Stein immer gleich groß ist.
- Du kannst die Steine mit der jeweiligen Uhrzeit beschriften.

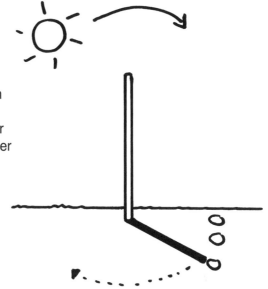

? **Was kannst du beobachten?**
Warum ist das so?

Forscher-karte 26

Schatten werfen

Schatten selbst gemacht: Geistertanz

Materialien
- Tonpapier, Klebeband, Schere, Bleistift, Schaschlikstäbe
- Taschenlampe
- 1 Raum, der verdunkelt werden kann, 1 weiße Wand

So wirds gemacht
- Zeichne mit dem Bleistift einen Geist auf das Tonpapier.
- Schneide den Geist aus.
- Befestige ihn mit Klebeband am Ende des Holzstabes.
- Halte den Geist vor eine weiße Wand und strahle ihn mit einer Taschenlampe an.

? **Was kannst du beobachten?**
Warum ist das so?

Bernd Ganser (Hrsg.)/Ines Simon: Forscher unterwegs
© Brigg Pädagogik Verlag GmbH, Augsburg

L27

Licht erzeugt Bilder

Wie entsteht ein Foto?

  25 min

Lernziele	• Mit einfachen Mitteln selbst Fotos machen.
Materialien	• Fotopapier • Figuren aus Tonpapier, Schere, flache Gegenstände, 1 Lampe • 1 Raum, der verdunkelt werden kann
So wirds gemacht	• Eine Figur aus Tonpapier ausschneiden. • Das Fotopapier aus der Packung nehmen. • Die Tonpapierfigur und flache Gegenstände darauflegen. • Fotopapier mit der Lampe beleuchten. • Einige Minuten warten.
Was wird geschehen?	Das Fotopapier wird dort schwarz, wo die Lampe hingeleuchtet hat. Von der Figur und den Gegenständen bleibt ein helles Abbild. Nach einiger Zeit wird das ganze Papier schwarz, da das Licht nun die gesamte Papieroberfläche beleuchten (= belichten) kann.
Warum ist das so?	Das Fotopapier wurde mit einem lichtempfindlichen Material (z. B. Silberbromid) beschichtet. Es verfärbt sich dunkel, wenn Licht darauffällt.
Beispiele aus Natur und Technik	Bei der Entwicklung klassischer Schwarzweiß-Abzüge wird ein negatives Bild auf das Papier projiziert. Eine Chemikalie macht das Bild haltbar.

L28

Licht erzeugt Bilder

Ein Apfel mit Herz

  2-mal 5 min

Lernziele	• Erkennen, dass die Färbung der Apfelschale auch von der Belichtung abhängt.
Materialien	• Apfelbaum mit unreifen Äpfeln • Klebefolie aus Kunststoff (undurchsichtig und wasserfest), Schere, Permanentstift
So wirds gemacht	• Einen Apfel betrachten. • Ein Herz o. Ä. aus Folie ausschneiden und mit dem Namen beschriften. • Das Herz auf eine Seite des Apfels kleben. • Einige Wochen warten. • Folie abziehen.
Was wird geschehen?	Ein helles Herz wird sichtbar.
Warum ist das so?	Das Licht beeinflusst auch die Färbung von Pflanzen.
Beispiele aus Natur und Technik	Äpfel haben verschiedenfarbige Seiten. Im Sommer wird unsere Haut nur dort braun, wo auch Sonne hinkommt. So bleiben z. B. die Träger eines T-Shirts als helle Linien sichtbar.

Bernd Ganser (Hrsg.)/Ines Simon: Forscher unterwegs
© Brigg Pädagogik Verlag GmbH, Augsburg

Forscher-karte **27**	*Licht erzeugt Bilder* **Wie entsteht ein Foto?**	25 min

Materialien
- Fotopapier
- Figuren aus Tonpapier, Schere, flache Gegenstände, 1 Lampe
- 1 Raum, der verdunkelt werden kann

So wirds gemacht
- Schneide eine Figur aus dem Tonpapier aus.
- Nimm einen Bogen Fotopapier aus der Packung heraus und verschließe die Packung dann wieder.
- Lege deine Tonpapierfigur und einige flache Gegenstände auf das Fotopapier.
- Beleuchte das Fotopapier einige Minuten mit der Lampe.
- Warte dann einige Minuten.

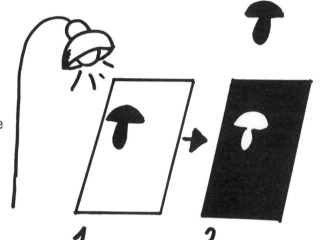

? **Was kannst du beobachten?**
Warum ist das so?

Forscher-karte **28**	*Licht erzeugt Bilder* **Ein Apfel mit Herz**	2-mal 5 min

Materialien
- Apfelbaum mit unreifen Äpfeln
- Klebefolie aus Kunststoff (undurchsichtig und wasserfest), Schere, Permanentstift

So wirds gemacht
- Schneide ein Herz aus der Folie heraus und beschrifte es mit deinem Namen.
- Suche dir einen Apfel aus und klebe die Folie darauf.
- Jetzt musst du einige Wochen warten.
- Wenn der Apfel reif ist, kannst du ihn pflücken und die Folie abziehen.

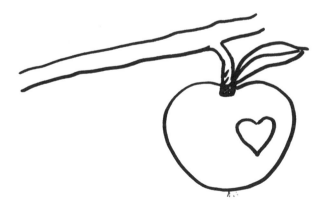

? **Was kannst du beobachten?**
Warum ist das so?
Warum ist nur eine Seite des Apfels rot?

L29

Lichtdurchlässigkeit

Scheint das Licht hindurch?

15 min

Lernziele	• Stoffe sind verschieden lichtdurchlässig.
Materialien	• 1 Lampe • Verschiedene Dinge: Bauklotz, Stein, Stoff, Wasserflasche, Klarsichtfolie, Tonpapier …
So wirds gemacht	• Die verschiedenen Dinge vor die Lampe halten.
Was wird geschehen?	Der Bauklotz aus Holz lässt kein Licht hindurch. Die Klarsichtfolie ist lichtdurchlässig. Durch den Stoff schimmert das Licht nur abgeschwächt.
Warum ist das so?	Einige Materialien lassen Licht hindurch und man kann recht gut erkennen, was sich dahinter befindet: Sie sind durchsichtig (= transparent). Andere lassen das Licht zwar durchscheinen, man kann aber nicht gut erkennen, was dahinter ist. Sie sind teildurchlässig (= transluzent). Schließlich gibt es Materialien, die kein Licht hindurchlassen. Sie sind lichtundurchlässig (= opak).
Beispiele aus Natur und Technik	Fenster sind aus klarem Glas, denn im Zimmer soll es möglichst hell sein. Die Sonnenbrille ist aus getöntem Glas, so kommt nur ein Teil des Lichts an die Augen und die Sonne kann uns nicht blenden. Der Fotoapparat ist aus Metall oder Kunststoff, damit kein Licht hineinfällt.

L30

Lichtbrechung

Warum sehen Beine unter Wasser kürzer aus?

5 min

Lernziele	• Lichtbrechung
Materialien	• Schwimmbecken
So wirds gemacht	• Sich bis zur Hüfte ins Wasser stellen und beobachten, was scheinbar mit den Beinen geschieht.
Was wird geschehen?	Die Beine sehen unter Wasser wesentlich kürzer aus.
Warum ist das so?	Wenn Licht von einem optischen Medium in ein anderes übertritt (hier von der Luft ins Wasser), erfährt es eine Richtungsänderung. Diese Erscheinung bezeichnet man als Lichtbrechung. Die von den Beinen reflektierten ↗ (zurückgeworfenen) Lichtstrahlen fallen nicht in gerader Linie ins Auge.
Beispiele aus Natur und Technik	Wollen die Indianer in Südamerika Fische mit Pfeil und Bogen jagen, so müssen sie ein Stück tiefer zielen, um zu treffen.
Variation	Karte 31: Der gebrochene Löffel
Phänomen ↗	Licht wird umgelenkt.

Bernd Ganser (Hrsg.)/Ines Simon: Forscher unterwegs
© Brigg Pädagogik Verlag GmbH, Augsburg

Forscher-karte 29

Lichtdurchlässigkeit

Scheint das Licht hindurch?

  15 min

Materialien	• 1 Lampe • Verschiedene Dinge: Bauklotz, Stein, Stoff, Wasserflasche, Klarsichtfolie, Tonpapier …
So wirds gemacht	• Halte verschiedene Dinge vor die Lampe.

 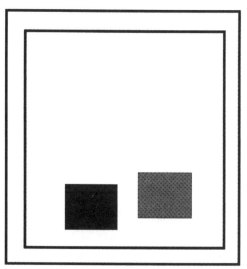

?

Was kannst du beobachten?
Scheint immer Licht hindurch?
Kannst du durch den Gegenstand hindurchgucken?

Forscher-karte 30

Lichtbrechung

Warum sehen Beine unter Wasser kürzer aus?

  5 min

Materialien	• Schwimmbecken
So wirds gemacht	• Steige ins Schwimmbecken und betrachte deine Beine.

?

Wie sehen deine Beine aus?
Warum ist das so?

Bernd Ganser (Hrsg.)/Ines Simon: Forscher unterwegs
© Brigg Pädagogik Verlag GmbH, Augsburg

L31

Lichtbrechung
Der gebrochene Löffel

5 min

Lernziele	• Lichtbrechung
Materialien	• 1 Glas mit Wasser, 1 Löffel
So wirds gemacht	• Ein Löffel wird senkrecht in ein Glas mit Wasser getaucht.
Was wird geschehen?	Der Löffel erscheint geknickt.
Warum ist das so?	Wenn Licht von einem optischen Medium in ein anderes übertritt (hier von der Luft ins Wasser), erfährt es eine Richtungsänderung. Diese Erscheinung bezeichnet man als Lichtbrechung. Die vom Löffel reflektierten ↗ (zurückgeworfenen) Lichtstrahlen fallen nicht in gerader Linie ins Auge.
Beispiele aus Natur und Technik	Wollen die Indianer in Südamerika Fische mit Pfeil und Bogen jagen, so müssen sie ein Stück tiefer zielen, um zu treffen.
Variation	Karte 30: Warum sehen Beine unter Wasser kürzer aus?
Phänomen ↗	Licht wird umgelenkt.

L32

Wie ein Spiegel funktioniert
Spiegelbilder

5 min

Lernziele	• Ein Spiegel wirft Licht zurück. • Alle Dinge erscheinen im Spiegel spiegelverkehrt.
Materialien	• 1 Spiegel pro Kind
So wirds gemacht	• Der Spiegel wird auf der Forscherkarte 32 an die gestrichelte Linie gehalten.
Was wird geschehen?	Alle Dinge erscheinen im Spiegel spiegelverkehrt. Wenn man ein halbes Bild entlang der Spiegelgeraden spiegelt, erhält man ein ganzes Bild.
Warum ist das so?	Der Spiegel wirft das Licht gerade zurück. Das linke Ohr erscheint deshalb im Spiegel auf der linken Seite. Allerdings sehen Menschen, die uns direkt ansehen, das Ohr auf der rechten Seite.
Beispiele aus Natur und Technik	Viele Dinge in der Natur sind symmetrisch aufgebaut, d.h. beide Seiten sehen gleich aus, z. B. Schmetterlinge und viele Blüten.
Phänomen ↗	Licht wird umgelenkt.

Bernd Ganser (Hrsg.)/Ines Simon: Forscher unterwegs
© Brigg Pädagogik Verlag GmbH, Augsburg

Forscher-karte 31

Lichtbrechung

Der gebrochene Löffel

5 min

Materialien	• 1 Glas mit Wasser, 1 Löffel
So wirds gemacht	• Stelle den Löffel senkrecht in ein Glas mit Wasser.

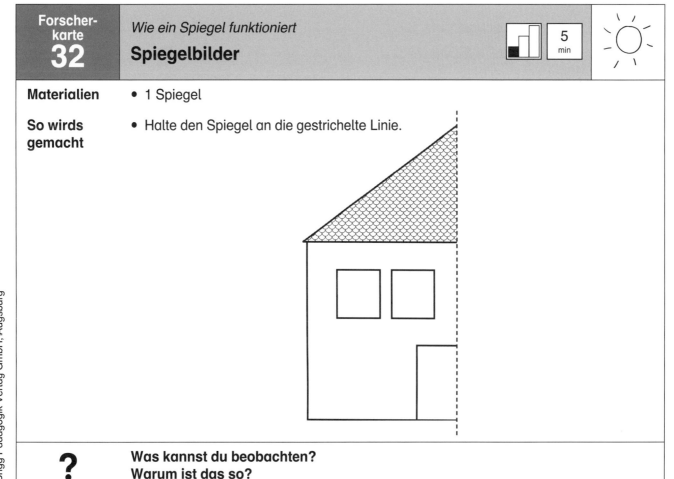

?   **Was kannst du beobachten?**
Warum ist das so?

Forscher-karte 32

Wie ein Spiegel funktioniert

Spiegelbilder

5 min

Materialien	• 1 Spiegel
So wirds gemacht	• Halte den Spiegel an die gestrichelte Linie.

?   **Was kannst du beobachten?**
Warum ist das so?

Bernd Ganser (Hrsg.)/Ines Simon: Forscher unterwegs
© Brigg Pädagogik Verlag GmbH, Augsburg

L33

Wie ein Spiegel funktioniert

Kann man Licht umlenken?

  15 min

Lernziele	• Ein Spiegel reflektiert ↗ das Licht. • Mit einem Spiegel kann man Licht umlenken.
Materialien	• 1 Spiegel, 1 Taschenlampe • 1 Raum, der verdunkelt werden kann
So wirds gemacht	• Ein Kind hält den Spiegel. Ein zweites Kind hält die Taschenlampe. • Der Spiegel wird angeleuchtet. • Das Licht der Taschenlampe wird an die Wand geworfen. • Nun wird der Spiegel etwas gedreht.
Was wird geschehen?	Der Lichtstrahl an der Wand ändert seine Position.
Warum ist das so?	Licht bewegt sich in geraden Linien (daher kann man auch nicht um die Ecke schauen). Der Spiegel wirft das Licht zurück. Ändert sich der Winkel des Spiegels, wird das Licht in einem anderen Winkel reflektiert ↗. Der Lichtfleck erscheint an einer anderen Stelle.
Beispiele aus Natur und Technik	In jeder Taschenlampe und in jedem Scheinwerfer befindet sich ein Reflektor ↗. Er ist aus einem spiegelnden Material. Hierdurch wird das Licht der Lampe in eine bestimmte Richtung gelenkt.
Variation	Karte 34: Nützliche Spiegel
Phänomen ↗	Licht wird umgelenkt.

L34

Wie ein Spiegel funktioniert

Nützliche Spiegel

  15 min

Lernziele	• Ein Spiegel wirft Licht zurück. • Spiegel werden für unterschiedliche Zwecke gebraucht.
Materialien	• Verschiedene Spiegel und spiegelnde Materialien, z.B. (zerlegte) Scheinwerfer, Rückspiegel, (vergrößernde) Kosmetikspiegel …
So wirds gemacht	• Die Kinder überlegen sich, wo es überall Spiegel gibt und wie diese genutzt werden. Eventuell legen die Kinder auch eine Spiegelsammlung an.
Warum ist das so?	Spiegel werden im Alltag oft gebraucht und dienen unterschiedlichen Zwecken, weshalb sie mit weiteren Eigenschaften versehen werden. Der Kosmetikspiegel vergrößert, der Verkehrsspiegel ist stark gewölbt, die Außenspiegel von Lkws sind manchmal geteilt, in der Medizin gibt es winzige Spiegel, mit denen man Magenuntersuchungen durchführen kann etc.
Beispiele aus Natur und Technik	Siehe oben.
Phänomen ↗	Licht wird umgelenkt.

Bernd Ganser (Hrsg.)/Ines Simon: Forscher unterwegs
© Brigg Pädagogik Verlag GmbH, Augsburg

Forscher-karte **33**	*Wie ein Spiegel funktioniert* **Kann man Licht umlenken?**	

Materialien
- 1 Spiegel, 1 Taschenlampe
- 1 Raum, der verdunkelt werden kann

So wirds gemacht
- Bildet Zweiergruppen.
- Ein Kind hält den Spiegel, das zweite Kind bekommt die Taschenlampe.
- Erst wird der Spiegel so angeleuchtet, dass das Licht der Taschenlampe an die Wand geworfen wird.
- Nun muss der Spiegel etwas gedreht werden.
- Anschließend könnt ihr tauschen: Das Kind mit der Taschenlampe bekommt den Spiegel und umgekehrt.

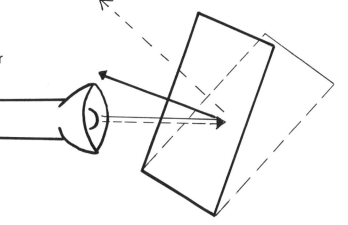

? **Was könnt ihr beobachten?**
Warum ist das so?

Forscher-karte **34**	*Wie ein Spiegel funktioniert* **Nützliche Spiegel**	

Materialien
- Viele verschiedene Spiegel

So wirds gemacht
- Überlegt in der Gruppe: Wo überall könnt ihr Spiegel finden?
- Vielleicht könnt ihr auch eine Spiegelsammlung anlegen?

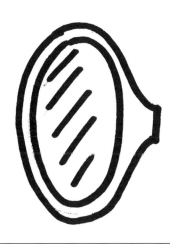

? **Welche Spiegel sind euch eingefallen? Wo habt ihr sie gefunden?**
Wozu werden die Spiegel benötigt?
Haben sie irgendwelche Besonderheiten?

L35

Wie ein Spiegel funktioniert

Kann man um die Ecke schauen?

   60 min

Lernziele	• Ein Spiegel reflektiert ↗ das Licht. • Mit einem Spiegel kann man Licht umlenken.
Materialien	• 1 leere Milchtüte, 2 Pappstreifen, mit Spiegelfolie beklebt, Schere, Geodreieck, Stift
So wirds gemacht	• Schräge Linien auf die Tüte zeichnen: Zwei oben und zwei unten. Die Linien befinden sich jeweils auf zwei gegenüberliegenden Seiten und zeigen in die gleiche Richtung. Entlang der Linien Schlitze schneiden, die groß genug für die Pappstreifen mit der Spiegelfolie sein müssen. • Die Spiegel in die Schlitze schieben. Der obere Spiegel hat die spiegelnde Seite unten, der untere Spiegel hat die spiegelnde Seite oben. • Eine große Öffnung vor dem oberen Spiegel ausschneiden und auf der Rückseite ein rundes Guckloch vor dem unteren Spiegel bohren.
Was wird geschehen?	Man kann um eine Ecke oder über eine Mauer (Tischplatte …) schauen.
Warum ist das so?	Das Licht fällt durch die eckige Öffnung auf den oberen Spiegel. Er leitet das Licht zum unteren Spiegel. Der untere Spiegel leitet die Lichtstrahlen ins Auge. Man sieht das Bild, das der obere Spiegel aufnimmt.
Beispiele aus Natur und Technik	Das Periskop eines U-Bootes, das natürlich viel länger ist, funktioniert nach diesem Prinzip.
Phänomen ↗	Licht wird umgelenkt.

L36

Farben

Wie werde ich im Dunkeln gut gesehen?

  15 min

Lernziele	• Je heller eine Farbe ist, desto mehr Licht wirft sie zurück. • Helle Farben werden besser gesehen.
Materialien	• Papier in den Farben Weiß, Gelb, Rot, Dunkelblau und Schwarz • Taschenlampe • 1 Raum, der verdunkelt werden kann
So wirds gemacht	• Im verdunkelten Raum werden die bunten Papiere mit der Taschenlampe angestrahlt.
Was wird geschehen?	Die hellen Papiere sieht man am besten.
Warum ist das so?	Je heller das Papier ist, desto mehr Licht wird reflektiert ↗. Dieses helle Licht fällt in unsere Augen. Je dunkler die Farbe ist, desto weniger Licht wird reflektiert. Je weniger Licht in unsere Augen gelangt, desto weniger können wir sehen.
Beispiele aus Natur und Technik	Wenn viel Schnee liegt, blendet die Sonne besonders hell. Der Schnee ist weiß und reflektiert ↗ das Licht sehr gut. Jacken sollten in der dunklen Jahreszeit aus hellem Stoff oder mit Reflektoren ↗ versehen sein, damit man gut gesehen wird!

Bernd Ganser (Hrsg.)/Ines Simon: Forscher unterwegs
© Brigg Pädagogik Verlag GmbH, Augsburg

Forscher-karte 35

Wie ein Spiegel funktioniert

Kann man um die Ecke schauen?

   60 min

Materialien
- 1 leere Milchtüte, 2 Pappstreifen, mit Spiegelfolie beklebt, Schere, Geodreieck, Stift

So wirds gemacht
- Zeichne schräge Linien auf die Tüte. Zwei oben und zwei unten. Die Linien müssen jeweils auf zwei gegenüberliegende Seiten der Tüte angebracht werden. Alle Linien zeigen in die gleiche Richtung.
- Schneide entlang dieser Linien Schlitze. Sie müssen so groß sein, dass du die Papp- streifen mit der Spiegelfolie hindurchschieben kannst.
- Schiebe die Spiegel in die Schlitze. Der obere Spiegel hat die spiegelnde Seite unten, der untere Spiegel hat die spiegelnde Seite oben.
- Zeichne vor dem oberen Spiegel eine eckige Öffnung und schneide sie aus.
- Bohre vor dem unteren Spiegel auf der Rückseite ein rundes Guckloch.

?
Was kannst du beobachten?
Warum ist das so?

Forscher-karte 36

Farben

Wie werde ich im Dunkeln gut gesehen?

  15 min

Materialien
- Papier in den Farben Weiß, Gelb, Rot, Dunkelblau und Schwarz
- Taschenlampe
- 1 Raum, der verdunkelt werden kann

So wirds gemacht
- Leuchte im verdunkelten Raum die bunten Papiere mit der Taschenlampe an.

  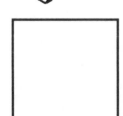 

?
Was kannst du beobachten?
Warum ist das so?

Bernd Ganser (Hrsg.)/Ines Simon: Forscher unterwegs
© Brigg Pädagogik Verlag GmbH, Augsburg

L37 Farben
Die Welt ist bunt

| | 15 min |

Lernziele
- Bedeutung der Farben für uns erkennen.
- Bedeutung der Farben in der Natur erkennen.

Materialien
- Alltagsgegenstände und Dinge aus der Natur
- Schilder, Ampel, Stofftiere oder Tierbilder

So wirds gemacht
- Die Farben in der Umgebung betrachten.
- Verschiedene Dinge in den Erzählkreis holen.

Was wird geschehen?
Es gibt viele Farben. Manche Farben empfinden wir als besonders schön, andere warnen uns. Manche sollen locken, andere verbergen oder Schutz bieten.

Warum ist das so?
Warnfunktion: Die Wespe möchte nicht vom Vogel gefressen werden.
Sie warnt deshalb mit ihrer auffälligen Färbung vor ihrem Stachel.
Tarnfunktion: Der Eisbär möchte nicht so leicht entdeckt werden.
Er tarnt sich im Eis mit seinem weißen Fell.
Lockfunktion: Viele Blumen benötigen Insekten zur Bestäubung.
Darum locken sie diese mit ihren Blüten an. Blüten haben sogar Farben,
die wir Menschen gar nicht sehen können.
Auch für uns Menschen haben Farben eine Bedeutung: Rot heißt „Achtung!" oder
„Gefahr", Grün bedeutet „freie Fahrt" oder „alles in Ordnung".

Beispiele aus Natur und Technik
Siehe oben

L38 Licht und Farben
Woher kommen die Farben?

| | 10 min |

Lernziele
- Erkennen, dass alle Farben im Licht enthalten sind.

Materialien
- 1 Glas Wasser, 1 Blatt weißes Papier
- Sonnenlicht

So wirds gemacht
- Das Glas wird mit Wasser gefüllt und in die Sonne gestellt.
- Ein weißes Blatt Papier unterlegen.

Was wird geschehen?
Auf dem Papier erscheinen die Farben des Regenbogens.

Warum ist das so?
Sonnenlicht erscheint uns weiß, es enthält alle Farben. Die Lichtstrahlen dringen an einer Stelle ins Glas ein und treten an anderer Stelle aus dem Glas aus. Sie werden von Luft, Glas und Wasser mehrfach gebrochen. Dadurch spaltet sich das Licht in seine Farbbestandteile auf. Das in seine Farbbestandteile zerlegte Licht, wird nun als farbiges Band auf dem Papier sichtbar.

Beispiele aus Natur und Technik
Auch beim Regenbogen ist das so.

Phänomen ↗
Licht besteht aus Farben.

Bernd Ganser (Hrsg.)/Ines Simon: Forscher unterwegs
© Brigg Pädagogik Verlag GmbH, Augsburg

Forscher-karte 37

Licht und Farben

Die Welt ist bunt

15 min

Materialien
- Alltagsgegenstände und Dinge aus der Natur

So wirds gemacht
- Betrachte dir viele verschiedene Dinge aus deiner Umgebung und achte dabei besonders auf die Farben.
- Achte auch auf Farben, die in der Natur vorkommen.
- Du kannst die bunten Dinge auch in den Erzählkreis holen.

? **Was kannst du beobachten?**
Haben Farben auch einen Zweck? Welchen?

Forscher-karte 38

Licht und Farben

Woher kommen die Farben?

10 min

Materialien
- 1 Glas Wasser, 1 Blatt weißes Papier
- Sonnenlicht

So wirds gemacht
- Stelle das Glas mit dem Wasser in die Sonne.
- Lege ein Blatt weißes Papier darunter.

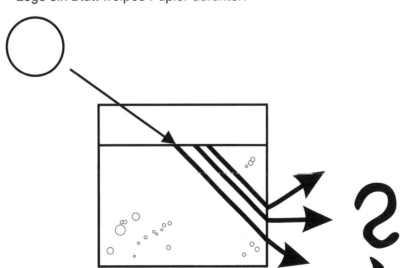

? **Was kannst du beobachten?**
Warum ist das so?

Bernd Ganser (Hrsg.)/Ines Simon: Forscher unterwegs
© Brigg Pädagogik Verlag GmbH, Augsburg

L39

Licht und Farben

Wie entsteht ein Regenbogen?

  15 min

Lernziele	• Erkennen, dass alle Farben im Licht enthalten sind. • Erkennen, dass Wasser Licht unterschiedlich bricht.
Materialien	• 1 flache Schale, Wasser, 1 Spiegel, 1 Blatt weißes Papier • Taschenlampe oder Sonnenlicht
So wirds gemacht	• Die Schale wird zu zwei Drittel mit Wasser gefüllt. • Ein Kind hält den Spiegel schräg zur Sonne ins Wasser. Ein zweites Kind hält das weiße Papier in die Höhe und sucht das reflektierte ↗ Licht.
Was wird geschehen?	Wenn die Kinder den richtigen Abstand finden, erscheint ein Regenbogen.
Warum ist das so?	Sonnenlicht erscheint uns weiß, es enthält aber alle Farben. Die Lichtstrahlen dringen an der gleichen Stelle ins Wasser ein, werden aber unterschiedlich gebrochen. Dadurch spaltet sich das Licht in seine Regenbogenfarben auf. Schließlich treffen die Strahlen im Wasser auf den Spiegel und werden von ihm reflektiert ↗. Die Lichtstrahlen verlassen das Wasser an unterschiedlichen Stellen. Deshalb kann man die Farben nun als Band auf dem Papier sehen.
Beispiele aus Natur und Technik	Edelsteine und Glaskristalle werden kunstvoll geschliffen, damit sich das Licht besonders schön in ihnen bricht – sie funkeln.
Phänomen ↗	Licht besteht aus Farben.

L40

Licht und Farben

Warum sind Blätter grün und Tomaten rot?

  30 min

Lernziele	• Erkennen, dass alle Farben im Licht enthalten sind. • Licht wird unterschiedlich zurückgeworfen (Reflexion ↗, Absorption ↗).
Materialien	• Je 1 Stück rote und grüne Folie, 1 Taschenlampe, 1 grüne Pflanze, 1 rote Tomate (1 grüne und 1 rote Paprika sind auch gut geeignet) • 1 Raum, der verdunkelt werden kann
So wirds gemacht	• Pflanze und Tomate auf den Tisch legen und Raum verdunkeln. • Mit der Taschenlampe anstrahlen. Anschließend zuerst die rote, dann die grüne Folie vor die Taschenlampe halten und wiederum anstrahlen.
Was wird geschehen?	Im weißen Licht sehen die Pflanzen normal aus. Im roten Licht sieht die grüne Pflanze schwarz aus, im grünen Licht erscheint die Tomate schwarz.
Warum ist das so?	Jeder bunte Gegenstand wirft einen Teil des Lichtes zurück (Reflexion ↗) und verschluckt den anderen Teil (Absorption ↗). Nur Weiß reflektiert alle Farben. Wir sehen die Tomate rot, weil Rot die einzige Farbe ist, die von der Tomate zurückgeworfen und nicht verschluckt wird. Hält man nun eine grüne Folie vor die Lampe, gelangt gar kein rotes Licht auf die Tomate. Wenn kein rotes Licht da ist, kann es auch nicht reflektiert werden. Also erscheint die Tomate schwarz.
Phänomen ↗	Licht besteht aus Farben.

Bernd Ganser (Hrsg.)/Ines Simon: Forscher unterwegs
© Brigg Pädagogik Verlag GmbH, Augsburg

Bernd Ganser (Hrsg.)/Ines Simon: Forscher unterwegs
© Brigg Pädagogik Verlag GmbH, Augsburg

Forscher-karte 39

Licht und Farben

Wie entsteht ein Regenbogen?

  15 min

Materialien
- 1 flache Schale, Wasser, 1 Spiegel, 1 Blatt weißes Papier
- Taschenlampe oder Sonnenlicht

So wirds gemacht
- Fülle die Schale zu zwei Drittel mit Wasser.
- Halte den Spiegel ins Wasser, er muss schräg zur Sonne zeigen.
- Ein zweites Kind hält das weiße Papier und versucht, den Lichtstrahl, der vom Spiegel zurückgeworfen wird, aufzufangen.

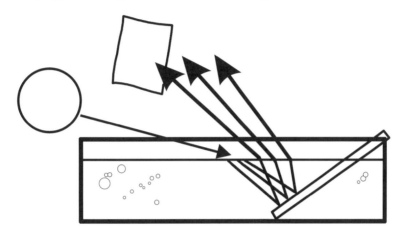

? **Was könnt ihr beobachten?**
Warum ist das so?

Forscher-karte 40

Licht und Farben

Warum sind Blätter grün und Tomaten rot?

 30 min

Materialien
- 1 Stück rote und grüne Folie, 1 Taschenlampe, 1 grüne Pflanze, 1 rote Tomate (1 grüne und 1 rote Paprika sind auch gut geeignet)
- 1 Raum, der verdunkelt werden kann

So wirds gemacht
- Den Raum verdunkeln.
- Lege oder stelle die Grünpflanze und die Tomate auf den Tisch.
- Strahle sie mit der Taschenlampe an.
- Halte zuerst die rote Folie vor die Taschenlampe.
- Halte dann die grüne Folie vor die Taschenlampe.

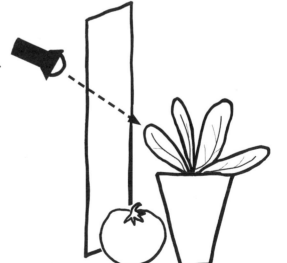

? **Was kannst du beobachten?**
Warum ist das so?

L41

Licht und Farben
Warum ist der Himmel blau?

| | 15 min |

Lernziele
- Erkennen, dass alle Farben im Licht enthalten sind.
- Erkennen, das kleine Teilchen das Licht unterschiedlich ablenken.

Materialien
- 1 Glas mit Wasser, einige Tropfen Milch, 1 Taschenlampe
- 1 Raum, der verdunkelt werden kann

So wirds gemacht
- Im abgedunkelten Raum von oben in das Glas mit Wasser leuchten und beobachten.
- Wenige Tropfen Milch ins Wasser geben.
- Nochmals von oben ins Wasser leuchten und das Glas von der Seite aus beobachten.

Was wird geschehen?
Die Flüssigkeit schimmert blau.

Warum ist das so?
Die Milchtröpfchen streuen besonders den blauen Anteil des Lichts.

Beispiele aus Natur und Technik
Darum erscheint der Himmel blau: Das Sonnenlicht wird in der Lufthülle der Erde an viele kleinen Teilchen (Staub, Wassertröpfchen etc.) gestreut (= in seine Spektral-farben ↗ zerlegt). Die Stärke der Streuung hängt von der Wellenlänge der Spektral-farbe ab. Blau ist kurzwelliger und wird stärker gestreut als die anderen Farbanteile.

Phänomen ↗
Licht besteht aus Farben.
Licht wird umgelenkt.

L42

Licht und Farben
Nur drei Farben?

| | 15 min |

Lernziele
- Rot, Blau und Gelb können nicht aus anderen Farben gemischt werden.
- Aus Rot, Blau und Gelb kann man alle anderen Farben mischen.

Materialien
- Je einen roten, blauen und gelben Folienstreifen pro Kind

So wirds gemacht
- Jedes Kind erhält einen Satz Folienstreifen.
- Die Streifen werden in verschiedenen Kombinationen übereinandergelegt.
- Die Kinder vermuten und beobachten.

Was wird geschehen?
Bei der Überlagerung von zwei Streifen entstehen Mischfarben ersten Grades:
Gelb + Rot = Orange; Gelb + Blau = Grün; Rot + Blau = Violett.

Warum ist das so?
Nach der Farbenlehre entstehen Mischfarben ersten Grades.

Beispiele aus Natur und Technik
Schon die Menschen der Steinzeit haben aus Erdfarben verschiedene Farben gemischt. Auch heute mischen Maler ihre Farben aus einzelnen Bestandteilen zusammen. Tintenstrahldrucker, aber auch die großen Druckmaschinen mischen die drei Grundfarben Blau, Rot und Gelb (Cyan, Mangenta, Yellow = CMY) und können so fast alle anderen Farben darstellen.

Phänomen ↗
Licht besteht aus Farben.

Bernd Ganser (Hrsg.)/Ines Simon: Forscher unterwegs
© Brigg Pädagogik Verlag GmbH, Augsburg

Forscher-karte 41

Licht und Farben

Warum ist der Himmel blau?

  15 min

Materialien
- 1 Glas mit Wasser, einige Tropfen Milch, 1 Taschenlampe
- 1 verdunkelter Raum

So wirds gemacht
- Leuchte im abgedunkelten Raum mit der Taschenlampe von oben in das Glas mit Wasser. Beobachte.
- Gib wenige Tropfen Milch ins Wasser.
- Leuchte noch einmal von oben ins Wasser und schaue dir das Glas von der Seite aus an.

? **Was kannst du beobachten?**
Warum ist das so?

Forscher-karte 42

Licht und Farben

Nur drei Farben?

 15 min

Materialien
- Je einen roten, blauen und gelben Folienstreifen pro Kind

So wirds gemacht
- Nimm dir jeweils einen roten, blauen und gelben Folienstreifen.
- Lege die Streifen übereinander und halte sie ins Licht.
- Versuche verschiedene Kombinationen.

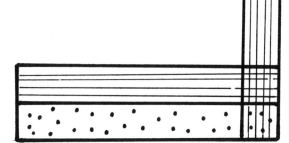

? **Was kannst du beobachten?**
Warum ist das so?

Bernd Ganser (Hrsg.)/Ines Simon: Forscher unterwegs
© Brigg Pädagogik Verlag GmbH, Augsburg

L43

Licht und Farben

Versteckte Farben finden

20 min

Lernziele	• Erkennen, dass im Filzstift wiederum die Grundfarben enthalten sind. • Auch der Filzstift enthält eine Farbmischung.
Materialien	• 1 Glas mit Wasser, 2 runde Teefilter • 1 Schere, 1 schwarzer Filzstift (Auch bunte Stifte sind möglich. Das Ergebnis hängt von der Marke des Stiftes ab. Keine Permanentstifte verwenden!)
So wirds gemacht	• In die Mitte des einen Teefilters ein kleines Loch schneiden. • Mit einem Filzstift um das Loch herum einen breiten Ring malen. • Den zweiten Teefilter rollen und durch das Loch des ersten Filters stecken. • Diesen „Docht" ins Wasser stellen, der bemalte Filter liegt auf dem Rand des Glases auf.
Was wird geschehen?	Das Wasser steigt auf, der bemalte Filter wird feucht. Es entstehen bunte Farbringe und Muster.
Warum ist das so?	Das aufsteigende Wasser löst die Farben. Durch den Transport des Wassers im Filter werden die verschiedenen Farbanteile getrennt. Manche werden weiter ins Papier gesogen als andere.
Beispiele aus Natur und Technik	Dieses Verfahren wird in der Chemie häufig angewendet um Stoffgemische in Flüssigkeiten zu trennen bzw. zu analysieren (Chromatografie = Farbenschreiben).

L44

Licht und Farben

Farben verschwinden vor unseren Augen

30 min

Lernziele	• Überlagern sich die Farben im Licht, erscheinen sie unseren Augen weiß. • Wir sehen mit unseren Augen und dem Gehirn. Mit Geschwindigkeit lassen diese sich täuschen.
Materialien	• Vergrößerte Bastelvorlage von Forscherkarte 44, Schere, 1 Kreisel • Stifte in den Farben Gelb, Grün, Blau, Indigo, Violett und Rot
So wirds gemacht	• Die Felder auf der Bastelvorlage mit den Farben ausmalen. Dabei muss die genannte Reihenfolge eingehalten werden. • Den Farbkreis ausschneiden und auf den Kreisel stecken. • Den Kreisel schnell drehen.
Was wird geschehen?	Je schneller sich die Scheibe dreht, desto mehr verschwimmen die Farben zu einem weißlichen oder gelblichen Grundton. Farbabweichungen der Stifte können dazu führen, dass die Scheibe eher grau erscheint.
Warum ist das so?	Unsere Augen und das Gehirn haben eine bestimmte Reaktionsgeschwindigkeit. Wenn sich die Scheibe sehr schnell dreht, können wir die einzelnen Farbfelder nicht mehr unterscheiden. Die Farben vermischen sich zu einem Weiß.
Beispiele aus Natur und Technik	Ein Kinofilm besteht aus vielen Einzelbildern. Diese laufen so schnell ab, dass wir glauben, eine Bewegung zu sehen.

Bernd Ganser (Hrsg.)/Ines Simon: Forscher unterwegs
© Brigg Pädagogik Verlag GmbH, Augsburg

| Forscher-karte **43** | *Licht und Farben*
 Versteckte Farben finden | 20 min | |

Materialien
- 1 Glas mit Wasser, 2 runde Teefilter
- 1 Schere, 1 schwarzer Filzstift

So wirds gemacht
- Schneide in die Mitte des einen Teefilters ein kleines Loch.
- Male mit dem Filzstift um das Loch herum einen breiten Ring.
- Rolle den zweiten Teefilter zusammen und stecke ihn durch das Loch des ersten Filters.
- Stelle diesen „Docht" ins Wasser, der bemalte Filter liegt auf dem Rand des Glases auf.

? **Was kannst du beobachten?**
Welche Farben hast du gefunden?
Warum ist das so?

| Forscher-karte **44** | *Licht und Farben*
 Farben verschwinden vor unseren Augen | 30 min | |

Materialien
- Vergrößerte Bastelvorlage, Schere, 1 Kreisel
- Stifte in den Farben Gelb, Grün, Blau, Indigo, Violett und Rot

So wirds gemacht
- Male die Felder auf der Bastelvorlage in den Farben des Regenbogens aus.
- Schneide den Farbkreis aus und stecke ihn auf den Kreisel.
- Drehe den Kreisel möglichst schnell.

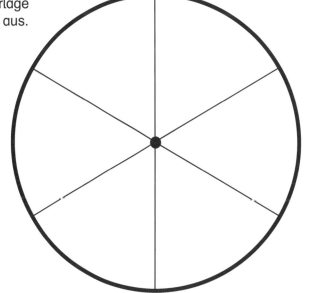

? **Was kannst du beobachten?**
Warum ist das so?

L45 — Im Klangraum

Töne um uns herum

  30 min

Lernziele	• Den Hörsinn erfahren.
Materialien	• Verschiedene Musikinstrumente, eine Augenbinde
So wirds gemacht	• Partnerarbeit: ein Kind bekommt die Augen verbunden, das andere erhält ein Instrument. • Kind 1 soll mit Hilfe von Geräuschen an einen bestimmten Platz geführt werden.
Was wird geschehen?	Das Kind mit den verbundenen Augen findet den Weg nach dem Gehör.
Warum ist das so?	Der Schall trifft im Ohr auf das Trommelfell und setzt Hammer und Amboss ↗ in Bewegung. Diese Bewegungen werden in Nervenimpulse umgewandelt und ins Gehirn geleitet. Wir hören Töne und können die Richtung der Schallquelle ausmachen. Dabei ist es wichtig, dass wir mit zwei Ohren hören können.
Beispiele aus Natur und Technik	Manche Geräusche sollen uns informieren (z.B. das Piepsen einer Uhr), andere sollen uns sogar warnen. Diese sind dann oft besonders laut und durchdringend (z.B. das Martinshorn am Krankenwagen).
Variation	Stille Post: Alle sitzen im Kreis. Ein Kind flüstert dem Nachbarn ein Wort ins Ohr, der flüstert es wiederum seinem Nachbarn ins Ohr. Was kommt am Ende heraus? Geräusche raten: Mit Hilfe verschiedener Gegenstände und Materialien oder auch einer Geräusch-CD werden Geräusche erzeugt. Die Kinder halten die Augen geschlossen und sollen die Geräusche erraten.

L46 — Tanzender Lichtpunkt

Schallwellen sichtbar machen

  30 min

Lernziele	• Erkennen, dass es Schallwellen gibt. • Schallwellen sichtbar machen.
Materialien	• 1 dickes, kurzes Abwasserrohr (oder 1 leere Konservendose ohne Deckel und Boden), 1 Luftballon, Schere, Gummiring, Klebstoff, 1 kleiner Spiegel • Sonne
So wirds gemacht	• Luftballonhaut über eine Öffnung des Rohres spannen und mit dem Gummiring befestigen. Spiegel auf die Luftballonhaut kleben. • Sonnenlicht mit dem Spiegel an eine Wand werfen und laut in die andere Öffnung des Rohres schreien.
Was wird geschehen?	Der Lichtfleck bewegt sich.
Warum ist das so?	Die Luftballonhaut wird durch die Stimme zum Vibrieren ↗ gebracht, sie beginnt zu schwingen. Der aufgeklebte Spiegel schwingt mit, das reflektierte ↗ Licht an der Wand bewegt sich.
Beispiele aus Natur und Technik	Auch das Vibrieren ↗ einer Lautsprecherbox kann man spüren.
Variation	Karte 47: Tanz der Reiskörner
Phänomen ↗	Töne entstehen durch Vibration ↗.

Bernd Ganser (Hrsg.)/Ines Simon: Forscher unterwegs
© Brigg Pädagogik Verlag GmbH, Augsburg

| Forscher-karte **45** | Töne um uns herum **Im Klangraum** | 30 min | |

Materialien
- Verschiedene Musikinstrumente oder andere Geräuschemacher (Rasseln, Klanghölzer, Glöckchen oder deine Stimme), eine Augenbinde

So wirds gemacht
- Suche dir eine Partnerin oder einen Partner. Verbinde ihr oder ihm die Augen.
- Führe deine Partnerin oder deinen Partner mit dem Klang eines Musikinstruments oder mit Hilfe anderer Geräusche durch den Raum.

?
Was stellt ihr fest?
Warum ist das so?

| Forscher-karte **46** | *Schallwellen sichtbar machen* **Tanzender Lichtpunkt** | 30 min | |

Materialien
- 1 dickes, kurzes Abwasserrohr (oder 1 leere Konservendose ohne Deckel und Boden), 1 Luftballon, Schere, Gummiring, Klebstoff, 1 kleiner Spiegel
- Sonne

So wirds gemacht
- Schneide die Öffnung des Luftballons ab.
- Spanne die Luftballonhaut über die Öffnung des Rohres und befestige sie mit einem Gummiring.
- Klebe den Spiegel auf die Luftballonhaut.
- Halte alles so, dass der Spiegel das Sonnenlicht an die Wand wirft.
- Schreie nun laut ins Rohr!

?
Was kannst du beobachten?
Warum ist das so?

Bernd Ganser (Hrsg.)/Ines Simon: Forscher unterwegs
© Brigg Pädagogik Verlag GmbH, Augsburg

L47

Schallwellen sichtbar machen

Tanz der Reiskörner

| | 10 min |

Lernziele	• Erkennen, dass es Schallwellen gibt. • Schallwellen sichtbar machen.
Materialien	• 2 Handtrommeln, Reis
So wirds gemacht	• Eine Handtrommel flach auf den Tisch legen. • Reiskörner auf die Trommelfläche streuen. • Die zweite Trommel nun dicht neben die erste halten und kräftig anschlagen.
Was wird geschehen?	Die Reiskörner beginnen zu springen.
Warum ist das so?	Wenn etwas einen Ton erzeugt, dann schwingt es schnell hin und her. Diese Schwingungen werden auf die Luft übertragen, die nun auch in Schwingungen versetzt wird. Die Schallwellen versetzen die Trommel mit den Reiskörnern in Bewegung, sie beginnt zu vibrieren ↗: Die Reiskörner springen.
Beispiele aus Natur und Technik	Auch das Vibrieren ↗ einer Lautsprecherbox kann man spüren.
Variation	Karte 46: Tanzender Lichtpunkt
Phänomen ↗	Töne entstehen durch Vibration ↗.

L48

Wie breiten sich Schallwellen aus?

Röhrentelefon

| | 5 min |

Lernziele	• Schall wird von festen Gegenständen zurückgeworfen.
Materialien	• 1 lange Pappröhre
So wirds gemacht	• Partnerarbeit mit zwei Kindern: Jedes Kind steht am Ende der Pappröhre. • Ein Kind flüstert, das andere horcht.
Was wird geschehen?	Man kann hören, was der Partner bzw. die Partnerin in die Röhre flüstert. Wer neben der Röhre steht, hört nichts.
Warum ist das so?	Der Schall breitet sich gleichmäßig aus. Trifft er auf ein Hindernis, wird er zurückgeworfen.
Beispiele aus Natur und Technik	Die Rohrsprechanlage in alten Schiffen und U-Booten funktionierte so. Das Stethoskop ↗ des Arztes ebenfalls. Mit Hilfe von Lärmschutzmauern versucht man, den Schall von Häusern wegzulenken.
Phänomen ↗	Töne entstehen durch Vibration ↗.

Bernd Ganser (Hrsg.)/Ines Simon: Forscher unterwegs
© Brigg Pädagogik Verlag GmbH, Augsburg

| Forscher-karte **47** | *Schallwellen sichtbar machen*
 Tanz der Reiskörner | 10 min | |

Materialien • 2 Handtrommeln, Reis

So wirds gemacht
• Lege eine Handtrommel flach auf den Tisch.
• Streue einige Reiskörner auf die Trommelfläche.
• Halte die zweite Trommel nun dicht neben die erste und schlage kräftig darauf.

? **Was kannst du beobachten?**
Warum ist das so?

| Forscher-karte **48** | *Wie breiten sich Schallwellen aus?*
 Röhrentelefon | 5 min | |

Materialien • 1 lange Papphröhre

So wirds gemacht
• Suche dir eine Partnerin oder einen Partner.
• Haltet die Papphröhre zwischen euch.
• Nun soll einer flüstern und der andere horchen. Wechselt euch ab.

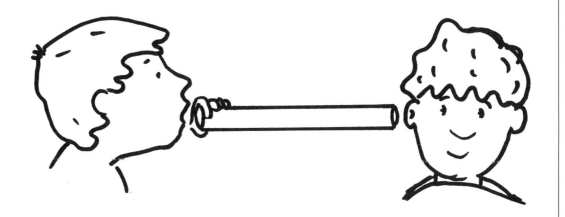

? **Was stellt ihr fest?**
Kann ein Kind, das neben der Röhre steht, etwas hören?
Hört es besser oder schlechter?
Warum ist das so?

Bernd Ganser (Hrsg.)/Ines Simon: Forscher unterwegs
© Brigg Pädagogik Verlag GmbH, Augsburg

L49

Wie breiten sich Schallwellen aus?

Kann man Schall lenken?

5 min

Lernziele	• Schall wird von festen Gegenständen zurückgeworfen.
Materialien	• 2 Pappröhren, 1 mechanische Uhr, 1 Teller, 1 Korkuntersetzer
So wirds gemacht	• Zwei Pappröhren in V-Form auf den Tisch legen. • Am einen Ende tickt die Uhr, am anderen Ende horcht das Kind hinein. • Nun zuerst den Teller, dann den Korkuntersetzer hochkant an die Spitze des Vs halten.
Was wird geschehen?	Beim Teller hört das Kind das Ticken der Uhr, beim Untersetzer hört es nichts.
Warum ist das so?	Der harte Teller wirft den Schall zurück. Kork absorbiert ↗ (= schluckt) den Schall: Die Uhr ist nicht zu hören.
Beispiele aus Natur und Technik	Lärmschutzmauern werfen den Schall zurück, Dämm-Materialien z. B. im Auto absorbieren ↗ ihn. Hinweis: Lärm macht krank!
Variation	Verschiedene Materialien ausprobieren (Pappe, Wolle …).

L50

Gibt es Schallwellen in festen Stoffen?

Hörstock

20 min

Lernziele	• Auch feste Stoffe können den Schall leiten.
Materialien	• 1 Wecker, 1 Holzstab (Besenstiel)
So wirds gemacht	• Der Holzstab wird so gehalten, dass ein Ende den Wecker berührt und das andere an die Ohrmuschel reicht.
Was wird geschehen?	Man hört den Wecker durch das Holz lauter ticken als durch die Luft.
Warum ist das so?	Der Holzstab leitet die Schallwellen besser als die Luft.
Beispiele aus Natur und Technik	Der Holz- oder Metallstab des Technikers dient zum Abhören von Maschinen und Motoren.
Variation	Karte 51: Ballonverstärker
Phänomen ↗	Töne entstehen durch Vibration ↗.

Bernd Ganser (Hrsg.)/Ines Simon: Forscher unterwegs
© Brigg Pädagogik Verlag GmbH, Augsburg

Forscher-karte 49

Wie breiten sich Schallwellen aus?

Kann man Schall lenken?

5 min

Materialien
- 2 Pappröhren, 1 mechanische Uhr, 1 Teller, 1 Korkuntersetzer

So wirds gemacht
- Lege die Pappröhren so auf den Tisch, dass sie ein V bilden.
- Stelle oder lege die Uhr an das eine Ende des Vs.
- Halte dein Ohr an das andere Ende.
- Halte zuerst einen Teller hochkant an die Spitze des Vs und horche.
- Nimm dann den Korkuntersetzer, halte ihn an die Spitze und horche.

?

Was kannst du hören?
Warum ist das so?
Wie kann man sich vor Lärm schützen?

Forscher-karte 50

Gibt es Schallwellen in festen Stoffen?

Hörstock

20 min

Materialien
- 1 Wecker, 1 Holzstab (zum Beispiel ein Besenstiel)

So wirds gemacht
- Halte den Holzstab so an den Wecker, dass er den Wecker berührt.
- Halte dein Ohr vorsichtig an das andere Ende des Stabes.

?

Was kannst du hören?
Wann kannst du den Wecker besser hören? Mit Stab oder ohne?
Warum ist das so?

Bernd Ganser (Hrsg.)/Ines Simon: Forscher unterwegs
© Brigg Pädagogik Verlag GmbH, Augsburg

L51 — Ballonverstärker

Wie breiten sich Schallwellen in der Luft aus?

Ballonverstärker

5 min

Lernziele	• Erkennen, dass die größere Dichte der Luft im Ballon dazu führt, dass der Schall besser geleitet wird.
Materialien	• 1 Luftballon
So wirds gemacht	Einen Luftballon aufpusten und ans Ohr halten. Mit dem Finger auf den Ballon klopfen.
Was wird geschehen?	Das Klopfen ist laut zu hören.
Warum ist das so?	Die Luft ist im Luftballon zusammengepresst. Hierdurch hat sie eine höhere Dichte. Je größer die Dichte, desto besser ist die Schallleitfähigkeit.
Variation	Karte 50: Hörstock
Phänomen ↗	Töne entstehen durch Vibration ↗.

L52 — Dosentelefon

Gibt es Schallwellen in festen Stoffen?

Dosentelefon

30 min

Lernziele	• Auch feste Stoffe können den Schall leiten.
Materialien	• 2 leere Dosen ohne Deckel, feste Schnur von 3 m Länge • Hammer und Nagel oder eine Ahle
So wirds gemacht	• In den Boden der Dosen wird je ein Loch gebohrt. • Nun die Schnur durch die Löcher ziehen und fest verknoten. • Jeder Partner nimmt eine Dose, dann wird die Schnur gespannt. • Abwechselnd sprechen und hören.
Was wird geschehen?	Man versteht genau, was der Partner in das Dosentelefon spricht.
Warum ist das so?	Schallwellen aus dem Mund versetzen die Dose in Schwingungen. Diese Schwingungen pflanzen sich durch die Schnur fort und versetzen die zweite Dose ebenfalls in Schwingungen. Diese Schwingungen übertragen sich nun durch die Luft und gelangen zum Ohr. Man hört, was der Partner sagt.
Beispiele aus Natur und Technik	In der Sprechmuschel eines Telefonhörers befindet sich ein kleines Mikrofon, das den Schall der Stimme auffängt und in ein elektrisches Signal umwandelt. Beim Gesprächspartner wird dieses Signal wieder in Schallwellen zurückgewandelt.
Phänomen ↗	Töne entstehen durch Vibration ↗.

Bernd Ganser (Hrsg.)/Ines Simon: Forscher unterwegs
© Brigg Pädagogik Verlag GmbH, Augsburg

Forscher-karte 51

Wie breiten sich Schallwellen in der Luft aus?

Ballonverstärker

  5 min

Materialien
- 1 Luftballon

So wirds gemacht
- Puste den Luftballon auf.
- Halte ihn an dein Ohr.
- Klopfe mit einem Finger auf den Ballon.

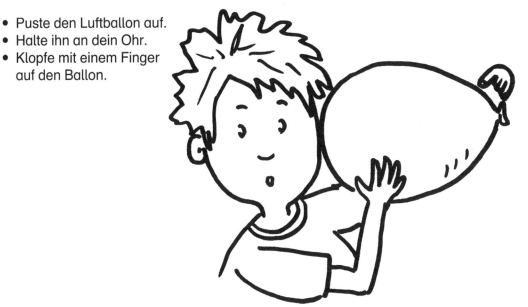

?

Was kannst du hören?
Was leitet den Schall besser: normale Luft oder zusammengepresste Luft?
Warum ist das so?

Forscher-karte 52

Gibt es Schallwellen in festen Stoffen?

Dosentelefon

  30 min

Materialien
- 2 leere Dosen ohne Deckel, feste Schnur von 3 m Länge
- Hammer und Nagel oder eine Ahle

So wirds gemacht

Partnerarbeit:
- Bohrt ein Loch in den Boden der leeren Dosen.
- Zieht die Schnur durch die Löcher und verknotet sie fest.
- Jeder Partner nimmt eine Dose, dann müsst ihr die Schnur spannen.
- Jetzt könnt ihr abwechselnd sprechen und hören.

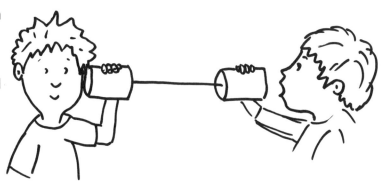

?

Was kannst du hören?
Wie kannst du deinen Partner besser hören? Mit Telefon oder ohne?
Was geschieht, wenn ihr die Schnur nur locker haltet?
Warum ist das so?

Bernd Ganser (Hrsg.)/Ines Simon: Forscher unterwegs
© Brigg Pädagogik Verlag GmbH, Augsburg

L53

Schall und Vibration ↗

Töne unterbrechen

5 min

Lernziele	• Nur wenn ein Material vibrieren ↗ kann, entsteht ein Ton.
Materialien	• 1 Becken oder 1 Triangel
So wirds gemacht	Das Becken (die Triangel) anschlagen, dann mit einem Finger festhalten.
Was wird geschehen?	Es entsteht ein Ton. Berührt man das Instrument, endet der Ton.
Warum ist das so?	Der Ton entsteht, weil das Becken oder die Triangel vibrieren ↗. Berührt man diese, wird die Vibration unterbrochen – und der Ton beendet.
Beispiele aus Natur und Technik	Teile, die nicht klingen sollen, werden stets so gelagert, dass sie nicht vibrieren ↗ können.
Phänomen ↗	Töne entstehen durch Vibration ↗.

L54

Gibt es Schallwellen im Wasser?

Unterwasserschall

10 min

Lernziele	• Wasser kann Schall leiten.
Materialien	• 1 Glasschüssel, 1 Quietschtier für die Badewanne • Wasser
So wirds gemacht	• Das Quietschtier wird im Wasser untergetaucht und gedrückt.
Was wird geschehen?	Man hört das Tier, der Ton ist jedoch verfremdet.
Warum ist das so?	Der Schall breitet sich auch unter Wasser aus. Dies geschieht sogar wesentlich schneller als in der Luft (Faktor 4,3).
Beispiele aus Natur und Technik	Delfine und Wale verständigen sich unter Wasser mit Lauten. Die Wassertiefe wird mit (Ultra)Schallwellen gemessen (Echolot).
Phänomen ↗	Töne entstehen durch Vibration ↗.

Bernd Ganser (Hrsg.)/Ines Simon: Forscher unterwegs
© Brigg Pädagogik Verlag GmbH, Augsburg

Forscher-karte 53

Schall und Vibration ↗

Töne unterbrechen

 5 min

Materialien
- 1 Becken oder 1 Triangel

So wirds gemacht
- Schlage das Becken oder die Triangel an.
- Halte das Instrument dann mit einem Finger fest.

?

Was kannst du hören?
Wann wird der Ton unterbrochen?
Warum ist das so?

Forscher-karte 54

Gibt es Schallwellen im Wasser?

Unterwasserschall

10 min

Materialien
- 1 Glasschüssel, 1 Quietschtier für die Badewanne
- Wasser

So wirds gemacht
- Fülle die Glasschüssel mit Wasser.
- Tauche das Quietschtier darin unter und drücke es dann.

?

Was hörst du?
Warum ist das so?

Bernd Ganser (Hrsg.)/Ines Simon: Forscher unterwegs
© Brigg Pädagogik Verlag GmbH, Augsburg

L55

Verschiedene Wege der Tonerzeugung

Linealmusik

15 min

Lernziele	• Erkennen, dass es verschieden hohe Töne gibt: kurze Schwingungen = hohe Töne, lange Schwingungen = tiefe Töne.
Materialien	• Mehrere Lineale aus Kunststoff, Klebeband • 1 Tisch
So wirds gemacht	• Die Lineale so auf den Tisch kleben, dass sie unterschiedlich lang über die Tischkante hinausragen. • Mit dem Finger die überstehenden Stücke anstoßen.
Was wird geschehen?	Ein Ton entsteht. Je länger das frei schwingende Stück des Lineals ist, desto tiefer ist der Ton.
Warum ist das so?	Töne entstehen durch Schwingungen elastischer Körper. Viele Schwingungen pro Sekunde bedeuten hohe Töne (kurzes Lineal), wenige Schwingungen pro Sekunde erzeugen tiefe Töne (langes Lineal).
Beispiele aus Natur und Technik	Beim Glockenspiel sind die Metallstücke verschieden lang.
Phänomen ↗	Töne entstehen durch Vibration ↗.

L56

Verschiedene Wege der Tonerzeugung

Schlauchtrompete

15 min

Lernziele	• Luft kann Schall leiten.
Materialien	• 1 Stück Schlauch, 1 Trichter, Klebeband
So wirds gemacht	• Den Trichter mit dem Klebeband an den Schlauch kleben. • Kräftig in den Schlauch brummen.
Was wird geschehen?	Der Ton ist laut zu hören.
Warum ist das so?	Schallwellen aus dem Mund versetzen die Luft in Schwingungen. Diese Schwingungen pflanzen sich im Schlauch besser und ohne Verluste fort. Zudem bündelt und verstärkt der Trichter die Töne.
Beispiele aus Natur und Technik	Sprachrohr („Flüstertüte" oder Megafon); vgl. auch Karte 48: Röhrentelefon
Phänomen ↗	Töne entstehen durch Vibration ↗.

Bernd Ganser (Hrsg.)/Ines Simon: Forscher unterwegs
© Brigg Pädagogik Verlag GmbH, Augsburg

Forscher-karte 55

Verschiedene Wege der Tonerzeugung

Linealmusik

15 min

| Materialien | • Mehrere Lineale aus Kunststoff, Klebeband |
| | • 1 Tisch |

So wirds gemacht
- Befestige die Lineale mit dem Klebeband so auf dem Tisch, dass unterschiedlich lange Stücke über die Tischkante hinausragen.
- Stoße die überstehenden Stücke mit dem Finger an.

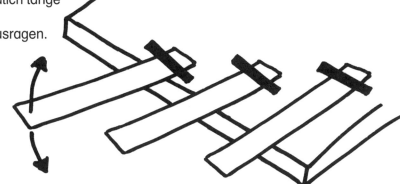

?

Was kannst du hören?
Welches Lineal klingt am höchsten? Welches am tiefsten?
Warum ist das so?

Forscher-karte 56

Verschiedene Wege der Tonerzeugung

Schlauchtrompete

15 min

| Materialien | • 1 Stück Schlauch, 1 Trichter, Klebeband |

So wirds gemacht
- Klebe den Trichter mit dem Klebeband an den Schlauch.
- Brumme dann kräftig in den Schlauch hinein.

?

Was kannst du hören?
Warum ist das so?

L57

Verschiedene Wege zur Tonerzeugung

Wassermusik

  10 min

Lernziele	• Wasser und Luft leiten den Schall unterschiedlich. • Erkennen, dass es verschieden hohe Töne gibt: kurze Schwingungen = hohe Töne, lange Schwingungen = tiefe Töne.
Materialien	• Mehrere (möglichst gleiche) Gläser, die unterschiedlich hoch mit Wasser gefüllt werden, 1 Schlägel vom Glockenspiel
So wirds gemacht	• Die Gläser unterschiedlich hoch mit Wasser befüllen. • Spielen wie ein Glockenspiel.
Was wird geschehen?	Es entstehen unterschiedlich hohe Töne.
Warum ist das so?	Der Schlägel bringt die Gläser zum Vibrieren ↗, ein Ton entsteht. Hohe Töne entstehen bei wenig Wasser. Die Töne werden von den schwingenden Gläsern erzeugt; das Wasser in den Gläsern absorbiert ↗ die Schwingungen des Glases.
Beispiele aus Natur und Technik	Glasharfe
Phänomen ↗	Töne entstehen durch Vibration ↗.

Blankokarte

L

Lernziele	
Materialien	
So wirds gemacht	
Was wird geschehen?	
Warum ist das so?	
Beispiele aus Natur und Technik	
Variation	
Phänomen ↗	

Bernd Ganser (Hrsg.)/Ines Simon: Forscher unterwegs
© Brigg Pädagogik Verlag GmbH, Augsburg

Forscher- karte **57**	*Verschiedene Wege zur Tonerzeugung* **Wassermusik**	10 min	

Materialien
- Mehrere (möglichst gleiche) Gläser, 1 Schlägel vom Glockenspiel
- Wasser

So wirds gemacht
- Fülle die Gläser unterschiedlich hoch mit Wasser.
- Schlage nun die Gläser mit dem Schlägel vorsichtig an.

?
Was kannst du hören?
Bei welchem Glas sind die Töne am höchsten? Bei welchem am tiefsten?
Warum ist das so?

Blankokarte

Forscher- karte	

Materialien

So wirds gemacht

?

Bernd Ganser (Hrsg.)/Ines Simon: Forscher unterwegs
© Brigg Pädagogik Verlag GmbH, Augsburg

L58

Wirkungen von Wärme und Kälte

Wärme fühlen

 15 min

Lernziele	• Temperaturen kann man mit der Haut fühlen.
Materialien	• Etwas aus Holz, z. B. 1 Bauklotz, etwas aus Metall, z. B. 1 Löffel
So wirds gemacht	• Den Löffel und den Bauklotz eine Weile nebeneinander auf dem Tisch liegen lassen. • Anschließend beide nacheinander anfassen und auf die Temperaturempfindung achten.
Was wird geschehen?	Das Holz fühlt sich wärmer an als das Metall.
Warum ist das so?	Metall ist ein guter Wärmeleiter. Es nimmt die Wärme der Hand schnell auf und leitet sie ab. Unser Gehirn meldet uns: kalt! Holz ist ein schlechter Wärmeleiter, es isoliert ↗. Da nur wenig Handwärme hineinfließt, meldet unser Gehirn: warm.
Beispiele aus Natur und Technik	Überall, wo Wärme geleitet und gespeichert werden soll, sind Metalle im Einsatz. Beispiel: Heizkörper. Überall, wo gegen Wärmeverlust isoliert ↗ werden soll, sind Holz oder Kunststoffe im Einsatz. Beispiel: Hausisolation.
Variation	Karte 59: Auf der Wärmespur

L59

Wirkungen von Wärme und Kälte

Auf der Wärmespur

  15 min

Lernziele	• Temperaturen kann man mit der Haut fühlen.
Materialien	• Spielplatz oder Garten mit verschiedenen Untergründen: Sand, Steine, Holz, Metall …
So wirds gemacht	• Die Kinder untersuchen Naturmaterialien im Freien. • Dabei gehen sie auch barfuß über verschiedene Untergründe und achten auf das Temperaturempfinden.
Was wird geschehen?	Steine und Metall fühlen sich kälter an als Holz oder Plastik, wenn sie nicht direkt der Sonne ausgesetzt sind.
Warum ist das so?	Steine und Metall sind gute Wärmeleiter. Sie leiten die Wärme schnell von den Füßen ab und werden deshalb als kalt empfunden. Holz und Plastik sind schlechte Wärmeleiter. Sie leiten die Wärme nur langsam ab und werden daher als warm empfunden.
Variation	Karte 58: Wärme fühlen

Bernd Ganser (Hrsg.)/Ines Simon: Forscher unterwegs
© Brigg Pädagogik Verlag GmbH, Augsburg

Forscher-karte 58

Wirkungen von Wärme und Kälte

Wärme fühlen

15 min

Materialien
- Etwas aus Holz, z. B. 1 Bauklotz, etwas aus Metall, z. B. 1 Löffel

So wirds gemacht
- Lege den Löffel und den Bauklotz nebeneinander auf den Tisch.
- Lass beides einige Zeit liegen.
- Fasse dann beide Gegenstände nacheinander an.

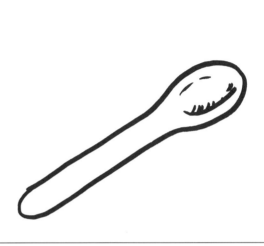

? **Was spürst du?**
Warum ist das so?

Forscher-karte 59

Wirkungen von Wärme und Kälte

Auf der Wärmespur

15 min

Materialien
- Spielplatz oder Garten mit verschiedenen Untergründen: Sand, Steine, Holz, Metall …

So wirds gemacht
- Untersucht unterschiedliche Materialien im Freien und achtet auf die gefühlten Temperaturen.
- Lauft barfuß über verschiedene Untergründe wie Sand, Steine, Holz, Metall …

? **Was spürst du?**
Welcher Untergrund fühlt sich am wärmsten an?
Warum ist das so?

Bernd Ganser (Hrsg.)/Ines Simon: Forscher unterwegs
© Brigg Pädagogik Verlag GmbH, Augsburg

L60

Wirkungen von Wärme und Kälte

Wärmequellen

15 min

Lernziele	• Wärme kann durch natürliche oder künstliche Wärmequellen entstehen. • Wärme entsteht durch Verbrennung. • Die Sonne strahlt Licht und Wärme ab.
Materialien	• Verschiedene Wärmequellen (auch als Text- und Bildkarten)
So wirds gemacht	• Die Kinder suchen verschiedene Wärmequellen und vergleichen sie.
Was wird geschehen?	Die Kinder entdecken, dass es neben den natürlichen Wärmequellen (Sonne) auch künstliche gibt (Heizung, Föhn, Kamin, Taschenwärmer …). Durch Verbrennung entsteht Wärme (Kerzenflamme).
Beispiele aus Natur und Technik	Thermische Solaranlagen ↗ werden durch die Sonne erwärmt. Mit ihnen gewinnt man warmes Wasser. Im Ofen bzw. in der Öl- und Gasheizung werden Brennstoffe verbrannt.

L61

Wirkungen von Wärme und Kälte

Wie schütze ich mich vor Kälte

15 min

Lernziele	• Ich kann verhindern, dass mein Körper auskühlt. • Dicke Kleidung isoliert ↗.
Materialien	• 1 gefütterter Handschuh oder Wollhandschuh, 1 Eisbeutel
So wirds gemacht	• Die Hände auf den Eisbeutel legen. • Eine Hand ist im Handschuh, die andere bleibt ungeschützt.
Was wird geschehen?	Die Hand ohne Handschuh kühlt sehr schnell aus.
Warum ist das so?	Der Handschuh ist ein schlechter Wärmeleiter. Die Hand im Handschuh verliert wenig Wärme.
Beispiele aus Natur und Technik	Wir schützen unseren Körper durch wärmende Kleidung. Häuser werden isoliert ↗. Das Frühstücksei bleibt warm mit einer Eiermütze.

Bernd Ganser (Hrsg.)/Ines Simon: Forscher unterwegs
© Brigg Pädagogik Verlag GmbH, Augsburg

| Forscher-karte **60** | *Wirkungen von Wärme und Kälte* **Wärmequellen** | | 15 min |

Materialien
- Text- und Bildkarten

So wirds gemacht
- Suche verschiedene Wärmequellen.
- Lege dazu Text- und Bildkarten an.
- Vergleiche die Wärmequellen, zum Beispiel Kerze mit Sonne.

? **Welche Wärmequellen findest du?**
Wie unterscheiden sie sich?

| Forscher-karte **61** | *Wirkungen von Wärme und Kälte* **Wie schütze ich mich vor Kälte?** | | 15 min |

Materialien
- 1 gefütterter Handschuh oder Wollhandschuh, 1 Eisbeutel

So wirds gemacht
- Ziehe nur einen Handschuh an.
- Berühre den Eisbeutel mit beiden Händen.

? **Was kannst du fühlen?**
Welche Hand wird zuerst kalt?
Warum ist das so?

Bernd Ganser (Hrsg.)/Ines Simon: Forscher unterwegs
© Brigg Pädagogik Verlag GmbH, Augsburg

L62

Wirkungen von Wärme und Kälte

Handgemachte Wärme

5 min

Lernziele	• Wärme kann durch Reibung entstehen.
Materialien	• Es werden keine Materialien benötigt.
So wirds gemacht	Die Handflächen schnell gegeneinanderreiben.
Was wird geschehen?	Die Hände werden warm.
Warum ist das so?	Durch die Reibung entsteht Wärme.
Beispiele aus Natur und Technik	Reibt man unter Druck hartes Holz auf weichem, wird die Reibfläche so heiß, dass man daran ein Feuer entzünden kann (Feuerbohrer). Auch Streichhölzer werden durch Reibung entzündet. Motoren müssen geschmiert werden, damit sie sich durch die innere Reibung nicht zu stark erhitzen. An einem Seil, das zu schnell durch die Hände gezogen wird, kann man sich verbrennen!

L63

Wärmeleitung

Perlenrennen

20 min

Lernziele	• Erkennen, dass es gute und schlechte Wärmeleiter gibt.
Materialien	• 1 Metalllöffel, 1 Holzlöffel, 1 Kunststofflöffel, 3 Kügelchen Butter • 1 (Thermos)Becher mit heißem Wasser (ca. 60 °C)
So wirds gemacht	• An das Stielende der drei Löffel ein festes Butterkügelchen „kleben". • Die Löffel ins heiße Wasser stellen, die Stiele zeigen nach oben.
Was wird geschehen?	Nach einiger Zeit rutscht die Butter vom Metalllöffel herunter. Später eventuell auch vom Kunststofflöffel. Am Holzlöffel bleibt sie am längsten kleben.
Warum ist das so?	Metall ist ein guter Wärmeleiter. Die Wärme des Wassers gelangt im Löffel zur Butter und bringt sie zum Schmelzen. Holz ist ebenso wie viele Kunststoffe ein schlechter Wärmeleiter. Die Butter bleibt am Löffel kleben.
Beispiele aus Natur und Technik	Isolierende ↗ Griffe aus Kunststoff oder Holz an Pfannen und Töpfen verhindern, dass man sich die Finger verbrennt.
Phänomen ↗	Wärmeleitfähigkeit

Bernd Ganser (Hrsg.)/Ines Simon: Forscher unterwegs
© Brigg Pädagogik Verlag GmbH, Augsburg

Forscher-karte 62

Wirkungen von Wärme und Kälte

Handgemachte Wärme

5 min

Materialien	• Es werden keine Materialien benötigt.
So wirds gemacht	• Reibe deine Hände ganz schnell gegeneinander.

? Was fühlst du?
Warum ist das so?

Forscher-karte 63

Wärmeleitung

Perlenrennen

20 min

Materialien	• 1 Metalllöffel, 1 Holzlöffel , 1 Kunststofflöffel, 3 Kügelchen Butter
	• 1 (Thermos)Becher mit heißem Wasser (ca. 60 °C)
So wirds gemacht	• „Klebe" an das Stielende der drei Löffel ein festes Butterkügelchen.
	• Stelle dann alle drei Löffel gleichzeitig ins Wasser. Die Stiele mit der Butter zeigen dabei nach oben!

Vorsicht: Das Wasser ist heiß!

? Was kannst du beobachten?
Warum ist das so?

L64 — Selbst gemachte Thermoskanne

Wärmeleitung

Selbst gemachte Thermoskanne

  45 min

Lernziele	• Mit schlechten Wärmeleitern kann man isolieren ↗. • In einem isolierten Gefäß bleiben Getränke länger warm.
Materialien	• 2 Glasflaschen mit Verschluss, 1 Trichter, Bläschenfolie, 2 Gläser, 1 Thermometer • Warmes Wasser
So wirds gemacht	• Eine der Flaschen mit Bläschenfolie umwickeln, die andere Flasche bleibt, wie sie ist. • Anschließend warmes Wasser einfüllen und die Flaschen verschließen. • Nach etwa 40 Minuten das Wasser in die Gläser gießen und die Temperatur mit dem Finger und einem Thermometer überprüfen.
Was wird geschehen?	In der isolierten ↗ Flasche bleibt das Wasser länger warm, in der anderen Flasche kühlt es schneller aus.
Warum ist das so?	Die Bläschenfolie ist ein schlechter Wärmeleiter. Sie verhindert, dass die Wärme im Wasser an die Umwelt abgeleitet wird.
Beispiele aus Natur und Technik	Auch eine Thermoskanne funktioniert nach diesem Prinzip.
Phänomen ↗	Wärmeleitfähigkeit

L65 — Luftballonflasche

Erwärmte Luft dehnt sich aus

Luftballonflasche

    30 min

Lernziele	• Auch in einer „leeren" Flasche ist Luft. • Luft benötigt einen Raum. • Warme Luft braucht mehr Platz als kalte Luft.
Materialien	• 1 Luftballon, 1 „leere", gekühlte Glasflasche • 1 größeres Gefäß mit 60 °C warmem Wasser
So wirds gemacht	• Die Flasche mehrere Stunden ins Gefrierfach legen. • Luftballon rasch über die Flasche stülpen. • Die Flasche vorsichtig ins warme Wasser stellen.
Was wird geschehen?	Der Luftballon füllt sich mit Luft.
Warum ist das so?	Durch die Erwärmung dehnt sich die Luft in der Flasche aus. Sie braucht mehr Platz und strömt nun in den Ballon, der dadurch aufgeblasen wird.
Beispiele aus Natur und Technik	Warme Autoreifen haben einen höheren Luftdruck ↗ als kalte. Luftdruckkontrolle immer am kalten Reifen durchführen.
Variation	Dieser Versuch lässt sich auch umkehren: Ist die Flasche heiß und wird abgekühlt, wird der Ballon in die Flasche gesaugt! Ebenso: Eine Kunststoffflasche heiß ausspülen (Handschuhe tragen), verschließen und in die Kälte legen. Die Flasche wird zusammengedrückt. Karte 66: Klappermünze

Bernd Ganser (Hrsg.)/Ines Simon: Forscher unterwegs
© Brigg Pädagogik Verlag GmbH, Augsburg

Forscher-karte 64

Wärmeleitung

Selbst gemachte Thermoskanne

 45 min

Materialien
- 2 Glasflaschen mit Verschluss, 1 Trichter, Bläschenfolie, 2 Gläser, 1 Thermometer
- Warmes Wasser

So wirds gemacht
- Umwickle eine der Flaschen mit Bläschenfolie. Die andere Flasche bleibt so.
- Fülle in beide Flaschen warmes Wasser und verschließe sie dann.
- Warte jetzt etwa 40 Minuten ab.
- Gieße dann das Wasser aus den Flaschen in jeweils ein Glas.
- Überprüfe die Temperatur mit dem Finger und einem Thermometer.

? **Was kannst du beobachten?**
Warum ist das so?

Forscher-karte 65

Erwärmte Luft dehnt sich aus

Luftballonflasche

   30 min

Materialien
- 1 Luftballon, 1 leere, gekühlte Glasflasche
- 1 größeres Gefäß mit 60 °C warmem Wasser

So wirds gemacht
- Stülpe den Luftballon über die eiskalte Flasche.
- Stelle die Flasche dann vorsichtig in das warme Wasser.

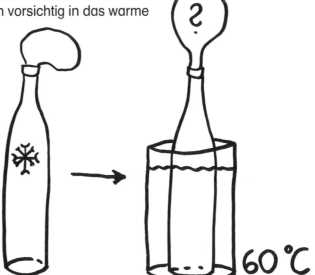

60 °C

? **Was kannst du beobachten?**
Warum ist das so?

L66

Erwärmte Luft dehnt sich aus

Klappermünze

| 15 min |

Lernziele	• Auch in einer „leeren" Flasche ist Luft. • Luft benötigt einen Raum. • Warme Luft braucht mehr Platz als kalte Luft.
Materialien	• 1 Münze, 1 „leere", gekühlte Glasflasche • 1 größeres Gefäß mit 60 °C warmem Wasser
So wirds gemacht	• Die Flasche mehrere Stunden ins Gefrierfach legen. • Die Flasche vorsichtig ins warme Wasser stellen. • Die Münze auf den Flaschenhals legen.
Was wird geschehen?	Die Münze bewegt sich und klappert.
Warum ist das so?	Durch die Erwärmung dehnt sich die Luft in der Flasche aus. Sie braucht mehr Platz und strömt aus der Öffnung. Dabei bewegt sie die Münze.
Beispiele aus Natur und Technik	Der Deckel eines Kochtopfs klappert, wenn das Wasser im Topf kocht. Dabei entweicht jedoch keine Luft, sondern Wasserdampf.
Variation	Karte 65: Luftballonflasche

L67

Erwärmte Luft steigt nach oben

Staubwirbel

| 15 min |

Lernziele	• Warme Luft steigt nach oben. • Aufsteigende Luft kann Dinge bewegen.
Materialien	• 1 Schreibtischlampe, etwas Puder • Raum mit Verdunklung
So wirds gemacht	• Eine Schreibtischlampe mit einer Glühbirne 5 Minuten brennen lassen. • Dann etwas Puder in die Luft stäuben.
Was wird geschehen?	Der Puder steigt nach oben.
Warum ist das so?	Die von der Glühbirne erwärmte Luft steigt nach oben. Da Puder sehr leicht ist, steigt er mit der warmen Luft auf.
Beispiele aus Natur und Technik	Die Weihnachtspyramiden funktionieren ebenfalls nach diesem Prinzip: Von den Kerzen steigt warme Luft auf und bewegt das Rad oben an der Pyramide. Auch der Heißluftballon funktioniert nach diesem Prinzip.
Variation	Karte 68: Heizungsschlange
Phänomen ↗	Warme Luft steigt auf.

Bernd Ganser (Hrsg.)/Ines Simon: Forscher unterwegs
© Brigg Pädagogik Verlag GmbH, Augsburg

Forscher-karte

66

Erwärmte Luft dehnt sich aus

Klappermünze

   15 min

| **Materialien** | • 1 Münze, 1 gekühlte Glasflasche |
| | • 1 größeres Gefäß mit 60 °C warmem Wasser |

So wirds gemacht
- Stelle die eiskalte Flasche vorsichtig ins warme Wasser.
- Lege die Münze oben auf den Flaschenhals.

? **Was kannst du hören?**
Warum ist das so?

Forscher-karte

67

Erwärmte Luft steigt nach oben

Staubwirbel

  15 min

| **Materialien** | • 1 Schreibtischlampe, etwas Puder |
| | • 1 abgedunkelter Raum |

So wirds gemacht
- Schalte die Schreibtischlampe ein und lass sie 5 Minuten brennen.
- Stäube dann etwas Puder in die Luft – über der Glühbirne.

? **Was kannst du beobachten?**
Warum ist das so?

Bernd Ganser (Hrsg.)/Ines Simon: Forscher unterwegs
© Brigg Pädagogik Verlag GmbH, Augsburg

L68

Erwärmte Luft steigt nach oben

Heizungsschlange

30 min

Lernziele	• Warme Luft steigt nach oben. • Aufsteigende Luft kann Dinge bewegen.
Materialien	• Forscherkarte 68 als Bastelvorlage, 1 Blatt Papier, Bleistift, Schere, Buntstifte, dünner Faden, Nagel oder Ahle zum Bohren • Heizkörper, evtl. eine Trittleiter
So wirds gemacht	• Eine Spirale ausschneiden. • In den Kopf der Schlange ein kleines Loch stechen, den Faden hindurchziehen und verknoten. • Die Schlange am Faden über die Heizung hängen.
Was wird geschehen?	Die Spirale beginnt sich zu drehen.
Warum ist das so?	Der Heizkörper erwärmt die Luft, die warme Luft steigt auf und versetzt die Spirale in Bewegung.
Beispiele aus Natur und Technik	Die Weihnachtspyramiden funktionieren ebenfalls nach diesem Prinzip. Von den Kerzen steigt warme Luft auf und bewegt das Rad oben an der Pyramide. Auch der Heißluftballon funktioniert nach diesem Prinzip.
Variation	Karte 67: Staubwirbel
Phänomen ↗	Warme Luft steigt auf.

L69

Erwärmte Luft steigt nach oben

Teebeutelrakete

15 min

Lernziele	• Warme Luft steigt nach oben. • Aufsteigende Luft kann Dinge bewegen.
Materialien	• 1 Teller, 1 Teebeutel • Streichhölzer
So wirds gemacht	• Den Teebeutel leeren. • Senkrecht auf einen Teller stellen und anzünden.
Was wird geschehen?	Der Teebeutel brennt ab, die Reste werden durch die warme Luft in die Höhe gehoben. **Achtung: Der Teebeutel fliegt bis zu 5 m hoch! Brandschutz beachten!**
Warum ist das so?	Durch die Erwärmung steigt die Luft nach oben. Die leere Hülle ist leicht und steigt mit auf.
Beispiele aus Natur und Technik	Die Asche eines Feuers fliegt weit. Die Asche eines Vulkans fliegt um die ganze Erde.
Phänomen ↗	Warme Luft steigt auf.

Bernd Ganser (Hrsg.)/Ines Simon: Forscher unterwegs
© Brigg Pädagogik Verlag GmbH, Augsburg

| Forscher-karte **68** | *Erwärmte Luft steigt nach oben*
 # Heizungsschlange | | |

Materialien
- Bastelvorlage, 1 Blatt Papier, Bleistift, Schere, Buntstifte, dünner Faden, Nagel oder Ahle zum Bohren
- Heizkörper, evtl. eine Trittleiter

So wirds gemacht
- Übertrage diese Vorlage auf dein Blatt Papier.
- Male die Schlange bunt an und schneide sie dann aus.
- Stich mit dem Nagel ein kleines Loch in den Kopf der Schlange und ziehe den Faden hindurch. Den Faden musst du unter dem Schlangenkopf verknoten.
- Hänge die Spirale über die Heizung oder halte sie am Faden darüber.

?   **Was kannst du beobachten?**
Warum ist das so?

| Forscher-karte **69** | *Erwärmte Luft steigt nach oben*
 # Teebeutelrakete | | |

Materialien
- 1 Teller, 1 leerer Teebeutel
- Streichhölzer

So wirds gemacht
- Stelle den leeren Teebeutel auf den Teller und zünde ihn an.

Achtung: Diesen Versuch darfst du nur zusammen mit einem Erwachsenen machen!

?   **Was kannst du beobachten?**
Warum ist das so?

L70

Wärme und Chemie
Gipswärmer

   45 min

Lernziele	• Wärme entsteht auch, wenn Gips mit Wasser reagiert.
Materialien	• Gips, Wasser, 1 Schutzbrille, 1 Plastikschale, 1 Esslöffel
So wirds gemacht	• Etwa 4 Esslöffel Gips in eine Plastikschale füllen. • Unter Rühren Wasser hinzugießen, bis eine zähflüssige Masse entsteht. • Die Masse 3 bis 5 Minuten stehen lassen.
Was wird geschehen?	Der Gips wird warm bis heiß. Vorsicht!
Warum ist das so?	Verbrennungsreaktionen sind exotherme Reaktionen ↗. Es wird Wärme abgegeben. Auch die Reaktion von Gips und Wasser ist eine exotherme Reaktion. Bei seiner Herstellung wird Gips gebrannt, um das darin enthaltene Wasser zu entfernen. Fügt man nun wieder Wasser hinzu und wird der Gips hart, wird die Energie wieder freigesetzt, die beim Brennen aufgebracht wurde.
Beispiele aus Natur und Technik	Auch im gekauften Handwärmer entsteht Wärme scheinbar wie von selbst.

L71

Temperaturmessung
Hautthermometer

 15 min

Lernziele	• Erkennen, dass unsere Haut Informationen über die Temperatur liefert.
Materialien	• 1 Tuch, 1 Eiswürfel, 1 erwärmter Löffel
So wirds gemacht	• Die Augen verbinden. • Erst das Eis, dann den warmen Löffel an den Arm halten.
Was wird geschehen?	Die unterschiedlichen Temperaturen werden erkannt.
Warum ist das so?	In unserer Haut sind viele Nerven, die uns die Temperaturen fühlen lassen und uns dadurch vor Schaden bewahren. Dennoch sind unsere gefühlten Temperaturangaben ziemlich ungenau.
Beispiele aus Natur und Technik	Um Temperaturen zu prüfen, wird meist der Finger vorsichtig zu einem Gegenstand geführt. Babyflaschen werden zur Kontrolle an die Wange gehalten. Dass wir Temperaturen aber unterschiedlich wahrnehmen, zeigt die große Pause: Die einen haben Jacken an, die anderen laufen mit T-Shirts herum.

Bernd Ganser (Hrsg.)/Ines Simon: Forscher unterwegs
© Brigg Pädagogik Verlag GmbH, Augsburg

Forscher-karte 70

Wärme und Chemie

Gipswärmer

   45 min

Materialien
- Gips, Wasser, 1 Schutzbrille, 1 Plastikschale, 1 Esslöffel

So wirds gemacht
- Fülle 4 Esslöffel Gips in die Plastikschale.
- Gieße langsam Wasser hinzu und rühre dabei ständig um, bis eine zähflüssige Masse entstanden ist.
- Lass die Schale dann stehen.
- Berühre sie in regelmäßigen Abständen.

?

Was kannst du fühlen?
Warum ist das so?

Forscher-karte 71

Temperaturmessung

Hautthermometer

  15 min

Materialien
- 1 Tuch, 1 Eiswürfel, 1 erwärmter Löffel

So wirds gemacht
- Verbindet euch gegenseitig die Augen mit dem Tuch.
- Haltet erst den Eiswürfel, dann den warmen Löffel an den Arm der Partnerin oder des Partners.

?

Was könnt ihr spüren?
Ist das eine genaue Messung? Begründet!

Bernd Ganser (Hrsg.)/Ines Simon: Forscher unterwegs
© Brigg Pädagogik Verlag GmbH, Augsburg

L72

Temperaturmessung
Wie funktioniert ein Thermometer?

30 min

Lernziele	• Erkennen, dass warmes Wasser mehr Platz braucht.
Materialien	• 1 Glasflasche, 1 Trichter, etwas Knetmasse, 1 Trinkhalm, 2 kleine Spielzeugklammern • Mit Lebensmittelfarbe gefärbtes Wasser
So wirds gemacht	• Drei Viertel der Glasflasche mit Hilfe des Trichters mit dem gefärbten Wasser füllen. • Den Trinkhalm ins Wasser tauchen und den Flaschenhals mit der Knetmasse luftdicht abdichten. • Das Wasser durch Ansaugen 2 cm hochziehen. • Mit einer Spielzeugklammer den Flüssigkeitsstand markieren. • Flasche in die Sonne oder auf die Heizung stellen.
Was wird geschehen?	Erwärmt sich die Flasche, steigt das farbige Wasser im Strohhalm nach oben.
Warum ist das so?	Warmes Wasser dehnt sich aus, es braucht mehr Platz als kaltes. Die Flüssigkeitssäule wird nach oben gedrückt.
Beispiele aus Natur und Technik	Ein Flüssigkeitsthermometer arbeitet nach diesem Prinzip.

Blankokarte

L

Lernziele

Materialien

So wirds gemacht

Was wird geschehen?

Warum ist das so?

Beispiele aus Natur und Technik

Variation

Phänomen ↗

Bernd Ganser (Hrsg.)/Ines Simon: Forscher unterwegs
© Brigg Pädagogik Verlag GmbH, Augsburg

| Forscher-karte **72** | *Temperaturmessung*
Wie funktioniert ein Thermometer? | | |

Materialien
- 1 Glasflasche, 1 Trichter, etwas Knetmasse, 1 Trinkhalm, 2 kleine Spielzeugklammern
- Mit Lebensmittelfarbe gefärbtes Wasser

So wirds gemacht
- Fülle drei Viertel der Flasche mit dem gefärbten Wasser. Benutze dabei den Trichter.
- Stecke den Trinkhalm in den Flaschenhals. Die untere Öffnung des Halms muss unter dem Wasserspiegel sein.
- Befestige den Trinkhalm mit Hilfe der Knetmasse am Flaschenhals. Die Öffnung der Flasche musst du dabei luftdicht verschließen.
- Sauge das Wasser **etwa 2 cm** nach oben.
- Markiere den Wasserstand mit einer Spielzeugklammer.
- Stelle die Flasche nun in die Sonne oder auf die Heizung.

? **Was kannst du beobachten?**
Warum ist das so?

Blankokarte

| Forscher-karte | |

Materialien

So wirds gemacht

?

Bernd Ganser (Hrsg.)/Ines Simon: Forscher unterwegs
© Brigg Pädagogik Verlag GmbH, Augsburg

L73 — Rückstoß

Luftballonsauser

Lernziele	• Luft kann man zusammenpressen. • Beim Entweichen der Luft wirkt eine Kraft, die Dinge bewegen kann.
Materialien	• 1 Luftballon, 1 Verschlussstopfen für die Tülle, 1 Stück von einem dicken Trinkhalm, Paketklebeband, Schere, glatte Nylonschnur
So wirds gemacht	• Den Luftballon aufblasen und die Tülle mit dem Stopfen verschließen. • Ein Stück des Trinkhalms mit dem Paketklebeband am Luftballon festkleben. • Die Schnur durch den Trinkhalm fädeln und straff spannen (z. B. eine Seite an einem Haken, Rohr, Türknauf etc. festbinden, die andere Seite festhalten). • Den Verschluss entfernen.
Was wird geschehen?	Der Luftballon saust entlang der Schnur durchs Zimmer – entgegengesetzt zur Tülle.
Warum ist das so?	Die Luftballonhaut wurde durch das Aufblasen straff gespannt. Nach dem Entfernen des Verschlusses drückt sie die Ballonluft durch die Tülle nach außen. Der Ballon wird in entgegengesetzter Richtung nach vorne gestoßen. Die Kraft, die durch die entweichende Luft frei wird, nennt man Rückstoß.
Beispiele aus Natur und Technik	Auch eine Rakete fliegt nach dem Rückstoßprinzip. Allerdings wird der enorme Rückstoß durch die Verbrennung riesiger Gasmengen erzeugt. Auch der Oktopus bewegt sich so vorwärts. Er verwendet nicht Luft, sondern Wasser, das er ausstößt.
Variation	Karte 74: Raketenauto

L74 — Rückstoß

Raketenauto

Lernziele	• Luft kann man zusammenpressen. • Beim Entweichen der Luft wirkt eine Kraft, die Dinge bewegen kann.
Materialien	• 1 großes Spielzeugauto, Klebeband, 1 Luftballon, 1 Verschlussstopfen für die Tülle
So wirds gemacht	• Den Luftballon aufblasen und die Tülle mit dem Stopfen verschließen. • Den Luftballon mit dem Klebeband auf dem Dach des Autos befestigen. • Den Verschluss entfernen.
Was wird geschehen?	Beim Entweichen der Luft wird das Auto bewegt.
Warum ist das so?	Die Luftballonhaut wurde durch das Aufblasen straff gespannt. Nach dem Entfernen des Verschlusses drückt sie die Ballonluft durch die Tülle nach außen. Der Ballon wird in entgegengesetzter Richtung nach vorne gestoßen – und mit ihm das Auto. Die Kraft, die durch die entweichende Luft frei wird, nennt man Rückstoß.
Beispiele aus Natur und Technik	Auch eine Rakete fliegt nach dem Rückstoßprinzip. Allerdings wird der enorme Rückstoß durch die Verbrennung riesiger Gasmengen erzeugt. Auch der Oktopus bewegt sich so vorwärts. Er verwendet nicht Luft, sondern Wasser, das er ausstößt.
Variation	Karte 73: Luftballonsauser

Bernd Ganser (Hrsg.)/Ines Simon: Forscher unterwegs
© Brigg Pädagogik Verlag GmbH, Augsburg

Forscher-karte 73

Rückstoß

Luftballonsauser

Materialien	• 1 Luftballon, 1 Verschlussstopfen für die Tülle, 1 Stück von einem dicken Trinkhalm, Paketklebeband, Schere, glatte Nylonschnur
So wirds gemacht	• Blase den Luftballon auf und verschließe die Tülle mit dem Stopfen. • Schneide mit der Schere ein 4 cm langes Stück vom Trinkhalm ab. • Klebe das Stück vom Trinkhalm mit dem Paketklebeband am Luftballon fest. • Fädele die Schnur durch den Trinkhalm und binde sie auf einer Seite fest (z. B. an einem Haken). Die andere Seite musst du (oder jemand, der dir hilft) festhalten und straff spannen. • Jetzt wird der Stopfen entfernt.

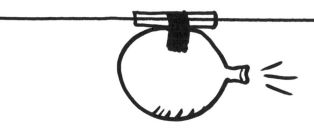

? **Was kannst du beobachten?**
Warum ist das so?

Forscher-karte 74

Rückstoß

Raketenauto

Materialien	• 1 großes Spielzeugauto, Klebeband, 1 Luftballon, 1 Verschlussstopfen für die Tülle
So wirds gemacht	• Blase den Luftballon auf und verschließe die Tülle mit dem Stopfen. • Befestige den Luftballon mit dem Klebeband auf dem Dach des Spielzeugautos. • Jetzt kannst du den Stopfen entfernen.

? **Was kannst du beobachten?**
Warum ist das so?

Bernd Ganser (Hrsg.)/Ines Simon: Forscher unterwegs
© Brigg Pädagogik Verlag GmbH, Augsburg

L75

Rückstoß

Luftgleiter

Lernziele
- Luft kann man zusammenpressen.
- Beim Entweichen der Luft wirkt eine Kraft, die Dinge bewegen kann.

Materialien
- 1 Luftballon, 1 Metalltrichter mit mindestens 12 cm Durchmesser, 1 glatte, beschichtete Tischplatte, Wasser zum Anfeuchten

So wirds gemacht
- Die beschichtete Tischplatte so anfeuchten, dass ein Wasserfilm darauf entsteht.
- Den Luftballon aufblasen und über die Tülle des Trichters stülpen.
- Den Gleiter auf die Tischplatte stellen.

Das Gelingen dieses Experimentes ↗ ist von mehreren Faktoren abhängig, z. B. vom Gewicht des Trichters und vom Sitz der Luftballontülle. Es sollte daher vorher ausprobiert werden.

Was wird geschehen?
Der Luftgleiter bewegt sich über die Tischplatte.

Warum ist das so?
Die aus dem Luftballon ausströmende Luft hebt den Trichter etwas an. Die Reibung verringert sich und der Gleiter bewegt sich über den Tisch.

Beispiele aus Natur und Technik
Luftkissenboote gleiten ebenfalls auf einem Luftkissen über das Wasser.

L76

Rückstoß

Brauserakete

Lernziele
- Gase benötigen Platz.
- Beim Entweichen der Gase wirkt eine Kraft, die Dinge bewegen kann.

Materialien
- 1 Röhrchen mit Vitamintabletten (Sprudeltabletten), Wasser

So wirds gemacht

Dieser Versuch muss im Freien durchgeführt werden!

- Eine Vitamintablette im Röhrchen lassen.
- Ein wenig Wasser einfüllen.
- Deckel aufsetzen und zur Seite gehen.

Was wird geschehen?
Nach kurzer Zeit fliegt der Deckel in die Höhe.

Warum ist das so?
Die Tablette reagiert mit dem Wasser.
Es bildet sich Kohlendioxid ↗. Das Gas benötigt Platz.
Wird der Druck zu groß, wird der Deckel herausgeschleudert.

Beispiele aus Natur und Technik
Kohlendioxid ↗ entsteht auch beim Kuchenbacken, wenn Hefe oder Backpulver als Triebmittel verwendet werden. Das Gas dehnt sich aus und erzeugt Poren. Die machen den Teig locker.

Bernd Ganser (Hrsg.)/Ines Simon: Forscher unterwegs
© Brigg Pädagogik Verlag GmbH, Augsburg

Forscher-karte
75

Rückstoß

Luftgleiter

   | 10 min |

Materialien
- 1 Luftballon, 1 Metalltrichter mit mindestens 12 cm Durchmesser, 1 glatte, beschichtete Tischplatte, etwas Wasser zum Anfeuchten

So wirds gemacht
- Feuchte den Tisch so an, dass darauf ein dünner Wasserfilm entsteht.
- Blase den Luftballon auf und stülpe seine Öffnung über die Tülle des Trichters.
- Stelle den Gleiter mit der Trichteröffnung nach unten auf den Tisch und lass ihn los.

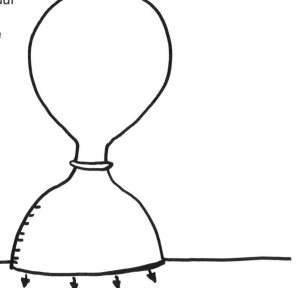

? **Was kannst du beobachten?**
Warum ist das so?

Forscher-karte
76

Rückstoß

Brauserakete

   | 10 min |

Materialien
- 1 Tablettenröhrchen mit Deckel, 1 Vitamintablette (Sprudeltablette), Wasser

So wirds gemacht
- Stecke eine Tablette in das Röhrchen.
- Fülle nun ein wenig Wasser ein.
- Setze den Deckel auf, stelle das Röhrchen senkrecht hin und gehe zur Seite.

Achtung! Dieser Versuch muss im Freien durchgeführt werden!
Du darfst ihn nur ausprobieren, wenn ein Erwachsener dabei ist.
Achte auf deine Augen!

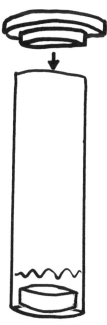

? **Was kannst du beobachten?**
Warum ist das so?

Bernd Ganser (Hrsg.)/Ines Simon: Forscher unterwegs
© Brigg Pädagogik Verlag GmbH, Augsburg

L77

Rückstoß

Dampfschiff

| 👨‍👧 | ▮ | 45 min |

Lernziele	• Bewegte Luft hat Kraft und kann Dinge bewegen.
Materialien	• 1 Stück Styropor, 1 leere Zigarrenhülse aus Metall (mit Deckel; alternativ zur Hülse eine kleine leere Milchdose aus Metall, die aber nur 1 Loch haben darf), 1 Teelicht, Cutter, Draht, Alufolie als Hitzeschutz für den Styroporrumpf
	• Milchdosenöffner oder Ahle, Wanne mit Wasser, Streichhölzer
So wirds gemacht	• Das Styroporstück als Schiff zuschneiden.
	• In den Deckel der Zigarrenhülse ein kleines Loch bohren. Hülse (bzw. Dose) mit etwas Wasser füllen (höchstens 1/3) und verschließen.
	• Aus dem Draht eine Halterung für die Hülse biegen und fest mit dem Rumpf verbinden. Doppelt gefaltete Alufolie darunterlegen.
	• Teelicht auf das Schiff stellen und anzünden, das Schiff auf das Wasser setzen.
Was wird geschehen?	Nach einiger Zeit entweicht Wasserdampf durch das Loch; zuerst wenig, dann immer mehr und das Schiff bewegt sich.
	Vorsicht, heißer Dampf! Lehrerversuch! Explosionsgefahr! Schutzbrille tragen!
Warum ist das so?	Das Wasser im Röhrchen wird erhitzt und beginnt zu kochen. Der austretende Dampf bewegt das Schiff.
Beispiele aus Natur und Technik	Bei Dampfmaschinen treibt der Dampf einen Kolben in einem Zylinder an.

L78

Erwärmung durch Strahlung

Solaranlage ↗

| 📊 | 60 min |

Lernziele	• Schwarz absorbiert ↗ das Licht, weiß reflektiert ↗ es.
	• Wird Licht absorbiert, entsteht Wärme.
Materialien	• 2 schwarze, flache Wannen, Alufolie, Wasser, 1 Thermometer
So wirds gemacht	• Eine Wanne mit Alufolie umwickeln.
	• Beide Wannen ca. 2 cm hoch mit Wasser füllen und in die pralle Sonne stellen.
	• Nach jeweils 15 Minuten die Wassertemperatur messen.
Was wird geschehen?	Das Wasser in der schwarzen Wanne erwärmt sich stärker als das in der Wanne, die mit Alufolie umwickelt wurde.
Warum ist das so?	Schwarz absorbiert ↗ das Licht nahezu vollständig. Hierdurch erwärmt sich das Wasser schnell. Die Alufolie reflektiert ↗ das Licht. Das Wasser erwärmt sich langsamer.
Beispiele aus Natur und Technik	Eine thermische Solaranlage ↗ funktioniert nach diesem Prinzip.
Variation	Karte 79: Schneeschmelze

Bernd Ganser (Hrsg.)/Ines Simon: Forscher unterwegs
© Brigg Pädagogik Verlag GmbH, Augsburg

Forscher-karte 77

Rückstoß

Dampfschiff

45 min

Materialien	• 1 Stück Styropor als Schiff, Alufolie als Hitzeschutz
	• 1 leere Zigarrenhülse aus Metall (mit Deckel) oder 1 kleine leere Milchdose, die aber nur 1 Loch haben darf
	• 1 Teelicht
	• Wanne mit Wasser

So wirds gemacht

Achtung, das ist ein Lehrerversuch! Du darfst ihn nicht alleine nachmachen. Es besteht Feuer- und Explosionsgefahr! Schutzbrille tragen!

• Aus dem Styroporstück wird ein „Schiff" geschnitten.
• Der Deckel der Zigarrenhülse hat ein kleines Loch.
• In der Zigarrenhülse ist wenig Wasser.
• Die Zigarrenhülse wird in der Drahthalterung befestigt und ist so fest mit dem Schiff verbunden.
• Das Teelicht steht auf dem Schiff unter der Zigarrenhülse und brennt. Alufolie darunterlegen!
• Jetzt wird das Schiff auf das Wasser gesetzt.

? **Was kannst du beobachten?**
Warum ist das so?

Forscher-karte 78

Erwärmung durch Strahlung

Solaranlage ↗

60 min

Materialien	• 2 schwarze, flache Wannen, Alufolie, Wasser, 1 Thermometer

So wirds gemacht

• Eine Wanne musst du mit Alufolie umwickeln. Die andere bleibt so.
• Dann füllst du beide Wannen etwa 2 cm hoch mit Wasser.
• Stelle beide Wannen jetzt in die pralle Sonne.
• Miss die Wassertemperatur alle 15 Minuten.

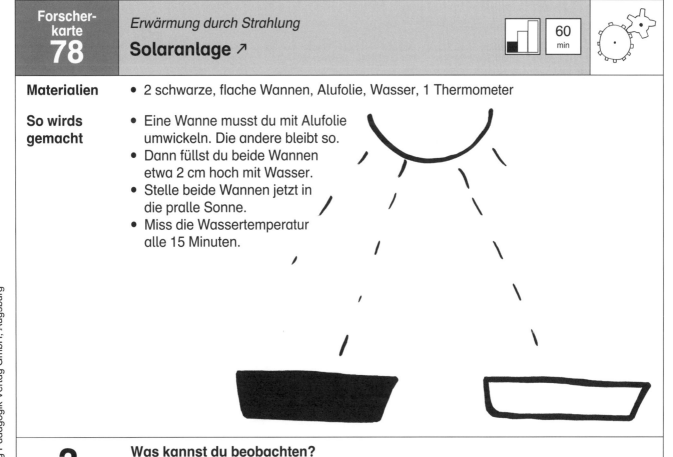

? **Was kannst du beobachten?**
Warum ist das so?

Bernd Ganser (Hrsg.)/Ines Simon: Forscher unterwegs
© Brigg Pädagogik Verlag GmbH, Augsburg

L79

Erwärmung durch Strahlung
Schneeschmelze

60 min

Lernziele	• Schwarz absorbiert ↗ das Licht, weiß reflektiert ↗ es. • Wird Licht absorbiert, entsteht Wärme.
Materialien	• 1 weiße Pappe, 1 schwarze Pappe (ca. 20–20 cm) • Sonne und Schnee
So wirds gemacht	• Die beiden Pappen werden nebeneinander im Abstand von 20 cm auf einer möglichst unberührten Schneefläche ausgelegt. • Im Abstand von je 15 Minuten wird nachgeschaut, was geschieht.
Was wird geschehen?	Die schwarze Pappe beginnt, im Schnee zu versinken.
Warum ist das so?	Schwarz absorbiert ↗ das Licht nahezu vollständig. Hierdurch erwärmt sich die schwarze Pappe schneller. Der Schnee darunter schmilzt und die Pappe sinkt ein. Die weiße Pappe reflektiert ↗ das Licht und erwärmt sich wesentlich langsamer.
Beispiele aus Natur und Technik	Eine thermische Solaranlage ↗ funktioniert nach diesem Prinzip.
Variation	Karte 78: Solaranlage ↗

L80

Bewegte Luft hat Kraft
Windrad

30 min

Lernziele	• Bewegte Luft hat Kraft und kann Dinge bewegen.
Materialien	• Forscherkarte 80 als Bastelvorlage und die Vergrößerung auf Seite 90 im Anhang, 1 Quadrat aus festem Papier oder dünnem Karton, 1 Laternenstab mit Draht, 2 Perlen, Schere, Bleistift, Ahle, kleine Kombizange
So wirds gemacht	• Das Quadrat und die Schnittlinien auf dem Papier vorzeichnen, dann ausschneiden. • Mittig ein Loch hineinbohren und die Flügel des Windrades biegen. • Eine Perle auf den Draht fädeln, dann den gebogenen Papierflügel mit den Öffnungen nach vorne ebenfalls auf den Draht stecken. Schließlich die zweite Perle auf den Draht stecken und das Drahtende mit der Kombizange umbiegen. • Nun wird das Windrad angepustet.
Was wird geschehen?	Das Windrad dreht sich.
Warum ist das so?	Das Windrad ist so geformt, dass es von der durchströmenden Luft bewegt wird.
Beispiele aus Natur und Technik	Bei Windkraftanlagen werden Rotorblätter von der strömenden Luft bewegt. Sie treiben einen Generator an. Der Generator erzeugt elektrischen Strom.

Bernd Ganser (Hrsg.)/Ines Simon: Forscher unterwegs
© Brigg Pädagogik Verlag GmbH, Augsburg

Forscher-karte 79

Erwärmung durch Strahlung

Schneeschmelze

  60 min

Materialien	• 1 weiße Pappe, 1 schwarze Pappe • Sonne und Schnee
So wirds gemacht	• Lege die schwarze und die weiße Pappe nebeneinander auf den Schnee. Sie sollen dabei in der prallen Sonne liegen. • Schaue alle 15 Minuten nach, was passiert.

? **Was kannst du beobachten?**
Warum ist das so?

Forscher-karte 80

Bewegte Luft hat Kraft

Windrad

  30 min

Materialien	• 1 Quadrat aus festem Papier oder dünnem Karton, 1 Laternenstab mit Draht, 2 Perlen, Schere, Bleistift, Ahle, kleine Kombizange
So wirds gemacht	• Zeichne auf dein Papier ein Quadrat und die Schnittlinien, verwende dazu die Vorlage. • Schneide es aus. • Bohre in die Mitte des Quadrats ein Loch und biege die Flügel des Windrades um. • Fädele nun eine Perle auf den Draht des Laternenstabes. Dann musst du den gebogenen Papierflügel mit den Öffnungen nach vorne ebenfalls auf den Draht stecken. • Stecke zum Schluss die zweite Perle auf den Draht und biege das Drahtende mit der Kombizange um. • Jetzt kannst du dein Windrad anpusten.

? **Was kannst du beobachten?**
Warum ist das so?

Bernd Ganser (Hrsg.)/Ines Simon: Forscher unterwegs
© Brigg Pädagogik Verlag GmbH, Augsburg

Bastelvorlage Windrad

(auf dünnen Karton kopieren)

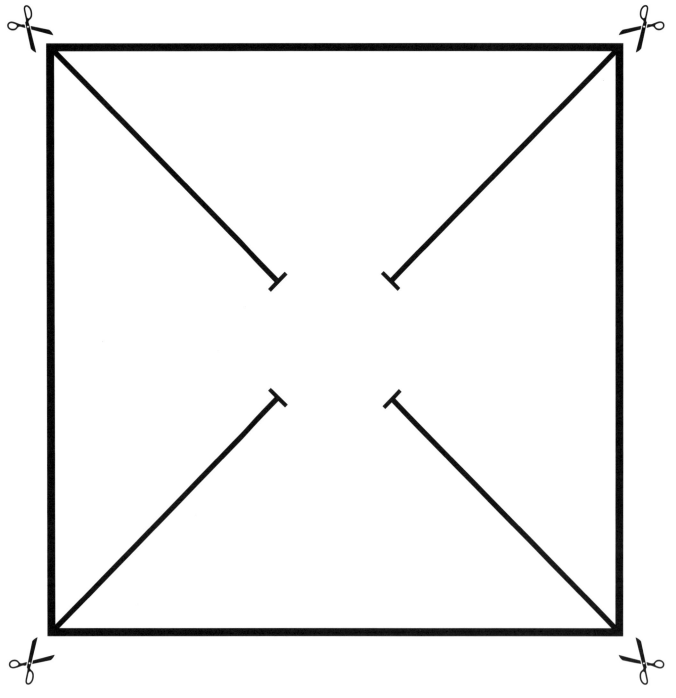

Bernd Ganser (Hrsg.)/Ines Simon: Forscher unterwegs
© Brigg Pädagogik Verlag GmbH, Augsburg

Lernpfeil von _____

Das weiß ich schon.

anschauen, erzählen, fragen, vermuten

planen, vorbereiten

handeln (experimentieren, beobachten, in Büchern oder im Internet nachlesen, notieren)

besprechen, erklären, überprüfen

Das habe ich neu gelernt.

präsentieren

Das hat mir besonders gefallen.

Eltern einbeziehen

Bernd Ganser (Hrsg.)/Ines Simon: Forscher unterwegs
© Brigg Pädagogik Verlag GmbH, Augsburg

Karten für den Lernpfeil und die Forscherstationen

Das weiß ich schon.

anschauen, erzählen, fragen, vermuten

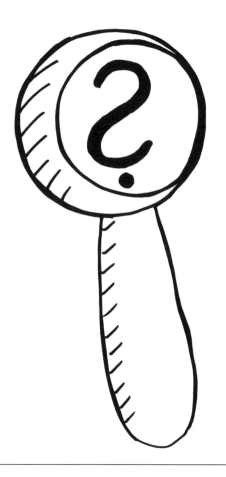

Bernd Ganser (Hrsg.)/Ines Simon: Forscher unterwegs
© Brigg Pädagogik Verlag GmbH, Augsburg

Karten für den Lernpfeil und die Forscherstationen

planen, vorbereiten

handeln (experimentieren, beobachten, in Büchern oder im Internet nachlesen, notieren)

Bernd Ganser (Hrsg.)/Ines Simon: Forscher unterwegs
© Brigg Pädagogik Verlag GmbH, Augsburg

Karten für den Lernpfeil und die Forscherstationen

besprechen, erklären, überprüfen

Das habe ich neu gelernt.

Bernd Ganser (Hrsg.)/Ines Simon: Forscher unterwegs
© Brigg Pädagogik Verlag GmbH, Augsburg

Karten für den Lernpfeil und die Forscherstationen

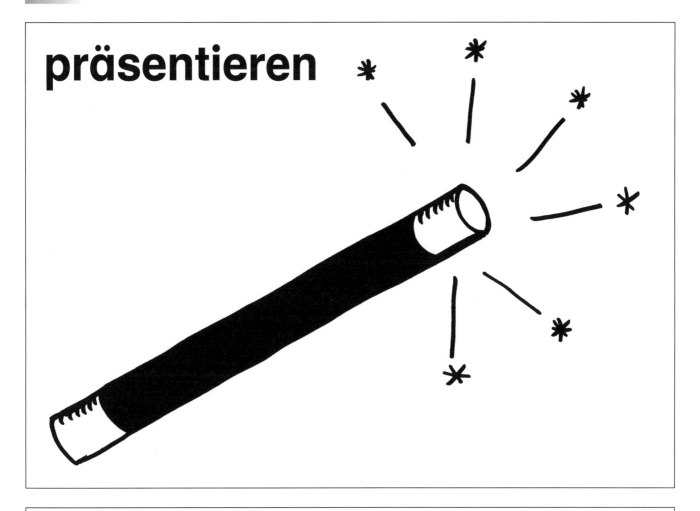

präsentieren

Das hat mir besonders gefallen.

Bernd Ganser (Hrsg.)/Ines Simon: Forscher unterwegs
© Brigg Pädagogik Verlag GmbH, Augsburg

Deckblatt Forscherbuch

Mein Forscherbuch

Name: _____

Seite für das Forscherbuch

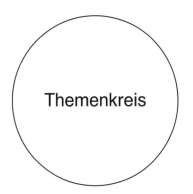

Themenkreis

Das weiß ich schon:

_____

Das will ich wissen:

_____

Ich vermute:

_____

Mein Experiment:

_____

_____

Mein Ergebnis:

_____

_____

Warum ist das so?

_____

_____

_____

Forscherdiplom

Forscher-diplom

Name:

hat erfolgreich zum Thema:

experimentiert.

Themenkreis

Bernd Ganser (Hrsg.)/Ines Simon: Forscher unterwegs
© Brigg Pädagogik Verlag GmbH, Augsburg

Themenkreise

Luft und Gase

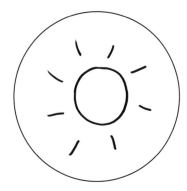

Licht, Schatten und Farben

Schall, Töne und Musik

Heiß und kalt

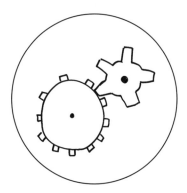

Technik

Bernd Ganser (Hrsg.)/Ines Simon: Forscher unterwegs
© Brigg Pädagogik Verlag GmbH, Augsburg

Beobachtungsbogen für die Lehrkraft

Name des Kindes: _____

Sozialkompetenz				Datum	Bemerkungen
Soziale Verantwortung	☹	😐	☺		
	☹	😐	☺		
Kooperation	☹	😐	☺		
	☹	😐	☺		
Kommunikation	☹	😐	☺		
	☹	😐	☺		
Konfliktverhalten	☹	😐	☺		
	☹	😐	☺		
Lern- und Arbeitsverhalten					
Interesse, Motivation	☹	😐	☺		
	☹	😐	☺		
Konzentration, Ausdauer	☹	😐	☺		
	☹	😐	☺		
Lern- und Arbeitsweise	☹	😐	☺		
	☹	😐	☺		
Fachliche Kompetenz					
Bringt Bücher mit.	☹	😐	☺		
Fasst zusammen.	☹	😐	☺		
Experimentiert selbstständig.	☹	😐	☺		
Kann schlussfolgern.	☹	😐	☺		
Präsentation	☹	😐	☺		
	☹	😐	☺		

Bernd Ganser (Hrsg.)/Ines Simon: Forscher unterwegs
© Brigg Pädagogik Verlag GmbH, Augsburg

Selbsteinschätzung der Kinder

Wie schätzt du dich selbst ein?

	☹	😐	☺
1. Ich habe jeden Teil der Aufgaben erledigt.	☹	😐	☺
2. Ich habe mit den anderen diskutiert.	☹	😐	☺
3. Ich habe in der Gruppe gearbeitet.	☹	😐	☺
4. Ich habe gut zugehört.	☹	😐	☺
5. Ich habe gefragt, wenn ich etwas nicht verstanden habe.	☹	😐	☺
6. Ich habe selbstständig gearbeitet.	☹	😐	☺
7. Ich konnte mit dem Material gut arbeiten.	☹	😐	☺

Schreibe oder male:

☺ Mein Lieblingsversuch:	
☺ Besonders interessant war:	
☹ Besonders anstrengend war:	
? Eine Frage habe ich noch:	

Bernd Ganser (Hrsg.)/Ines Simon: Forscher unterwegs
© Brigg Pädagogik Verlag GmbH, Augsburg

Glossar

Absorbieren, Absorption
Etwas in sich aufnehmen, aufsaugen.

Bernoullis Gesetz
Daniel Bernoulli war ein Wissenschaftler aus der Schweiz (1700–1782). Er fand heraus, dass der Druck von Flüssigkeiten und Gasen, also auch von Luft, geringer wird, wenn die Geschwindigkeit zunimmt. Das ist z.B. beim Bau von Flugzeugtragflächen und windschnittigen Autos wichtig.

Experiment, experimentieren
Am Anfang eines Experiments steht eine Frage, die zu Vermutungen auffordert. Beim Experimentieren werden dann diese Vermutungen überprüft. Dabei muss man genau beobachten und sich fragen, wie und warum die Ergebnisse zustande kommen.

Hammer und Amboss
Kleine Knöchelchen im Ohr, welche die Schallwellen auf das Trommelfell übertragen.

isoliert, Isolierung
Etwas ist in sich abgeschlossen, es findet kein Austausch statt. Eine Isolierflasche gibt z.B. keine Wärme oder Kälte ab.

Kohlendioxid
Ist ein farb- und geruchsloses Gas. Wie Sauerstoff ↗ ist es ein natürlicher Bestandteil der Luft.

Luftdruck
Die Lufthülle der Erde ist wie ein großes Meer, ein Luftmeer. Wir laufen wie kleine Krebschen am Grunde dieses Luftmeeres herum. An das Gewicht der Luft sind wir gewöhnt, sodass wir es nicht spüren. Die Kraft dieser Luft ist der Luftdruck.

Luftwiderstand
Das ist der Widerstand, den die Luft einem festen Gegenstand entgegensetzt. Der berühmte Forscher Galileo Galilei (1564–1642) fand schon vor 400 Jahren heraus, dass Körper von unterschiedlichem Gewicht gleich schnell fallen, wenn es keinen Luftwiderstand gibt.

Obelisk
Ein hoher, schmaler Steinpfeiler, der nach oben hin schmaler wird. Seine Spitze sieht aus wie eine Pyramide.

Phänomen
Ein Phänomen ist eine Erscheinung. Man kann auch sagen, ein Ereignis, das für uns sichtbar wird. Ein Regenbogen ist z.B. ein Naturphänomen.

Phänomenkreis
Wird ein Phänomen durch verschiedene Experimente erforscht, so bezeichnet man dies als Phänomenkreis.

Pupillen
So heißen die Öffnungen in unseren Augen. Durch sie gelangt Licht ins Augeninnere.

Reaktion, exotherme Reaktion
Verschiedene Stoffe wirken aufeinander ein, dabei geschieht oder entsteht etwas. Bei einer exothermen Reaktion wird Wärme abgegeben.

reflektieren, Reflexion
Das Zurückwerfen z.B. von Lichtstrahlen oder Schallwellen.

Reflektor
Ein Gegenstand, der z.B. Lichtstrahlen oder Schallwellen zurückwirft (z.B. ein Spiegel oder die Rückstrahler beim Fahrrad).

Rotation, rotieren
Drehung, drehen

Sauerstoff
Ist ein farb- und geruchsloses Gas und ein wichtiger Bestandteil der Luft. Wir benötigen Sauerstoff zum Leben und nehmen ihn durch Atmung auf.

Spektralfarbe
Wenn weißes Licht aufgespalten wird, sieht man die reinen Farben, aus denen sich das Licht zusammensetzt.

Stethoskop
Mit diesem Gerät kann ein Arzt z.B. Herz- und Lungengeräusche hören.

Stickstoff
Ist ein farb- und geruchsloses Gas. Es ist der Hauptbestandteil der Luft.

Solaranlage (thermische)
Eine thermische Solaranlage nutzt die Sonnenstrahlung und liefert Wärme.

Vibration, vibrieren
Schwingung, schwingen; kann oft auch gefühlt werden.

Bernd Ganser (Hrsg.)/Ines Simon: Forscher unterwegs
© Brigg Pädagogik Verlag GmbH, Augsburg